Mike Almara

Ursprung Bibel

Sprichwörter,

die der Bibel entstammen

mit christlichen Gedichten und Gebeten

1. Auflage

Books on Demand

»Da hängt es nun im Eck das Kreuz, aus Gold,
aus Silber oder Holz.
Egal aus was es ist gemacht,
es hat uns ew´ge Gnad´ gebracht.«

Die Deutsche Nationalbibliothek verzeichnet diese
Publikation in der Deutschen Nationalbibliografie;
detaillierte bibliografische Daten sind im Internet
über http://dnb.dnb.de abrufbar.

Skizzen von Walter Kreuzer
geb. 12.05.1932
gest. 24.09.2003

Herstellung und Verlag:
BoD – Books on Demand, Norderstedt
ISBN: 978-3-73861-364-3

Inhaltsverzeichnis

Vorwort..9

Kapitel 1
Der Bibel entstammende Sprichwörter

Spruch 1:
Der Geist ist willig, aber das Fleisch ist schwach.....11
Spruch 2:
Ein salomonisches Urteil..15
Spruch 3:
Ich wasche meine Hände in Unschuld....................19
Spruch 4:
So sicher, wie in Abrahams Schoß..........................23
Spruch 5:
Zum Sündenbock gemacht werden.........................27
Spruch 6:
Wie Schuppen von den Augen fallen.......................31
Spruch 7:
Ein biblisches Alter erreichen................................35
Spruch 8:
Das ist ja die reinste Sintflut.................................39
Spruch 9:
Jemanden wie einen Aussätzigen behandeln...........45
Spruch 10:
Eine Hiobsbotschaft erhalten.................................53
Spruch 11:
Das sind die reinsten Pharisäer..............................59
Spruch 12:
Blut und Wasser schwitzen....................................67

Kapitel 2
Christliche Gedichte

Gedicht 1:
Mein bester Freund...71
Gedicht 2:
Die Speisung der 5000..73
Gedicht 3:
Der Mensch, der Affe, die Evolution........................75
Gedicht 4:
Die Schöpfung...77
Gedicht 5:
Der Vater ist unser Versorger..................................79
Gedicht 6:
Eine Liebeserklärung...81
Gedicht 7:
Freud und Leid..83
Gedicht 8:
Ein Menschenleben...85
Gedicht 9:
Danke Herr...87
Gedicht 10:
Es ist vollbracht..89
Gedicht 11:
Vor Gott sind alle Menschen gleich.........................91
Gedicht 12:
Ich weiß, dass Jesus immer bei mir ist....................93

Kapitel 3
Christliche Gebete für verschiedene Anlässe

Gebet 1:
Allgemeines Gebet..95
Gebet 2:
Gebet in Not...97
Gebet 3:
Krankengebet..99

Gebet 4:
Gebet Angehöriger um Bekehrung...........................101
Gebet 5:
Dankgebet..103
Gebet 6:
Übergabegebet...105
Gebet 7:
Dank- und Bewahrungsgebet für unsere Kinder....107
Gebet 8:
Versorgung..109
Gebet 9:
Gebet um Frieden..111
Gebet 10:
Täuflingsgebet...113
Gebet 11:
Tischgebet...115
Gebet 12:
Abendgebet...117

Vorwort

Sprichwörter werden oft benutzt, um eine Situation mit einer bildhaft in einfacher Form festgehaltenen Erfahrung zu kommentieren. Die vor langer Zeit geprägten Sprichwörter wurden mit der Zeit zu Lebensregeln und Gemeingut im allgemeinen Sprachgebrauch. Dabei ist uns oftmals gar nicht bewusst, dass viele der heute noch im alltäglichen Leben verwendeten Sprichwörter ihren Ursprung in der Bibel haben. Das Schulwesen im Mittelalter sorgte für die Verbreitung des biblischen Schriftgutes, woraus sich schließlich ein volkstümliches Sprichwortgut entwickelte. Es erstaunt, dass bereits vor annähernd sechs Jahrtausenden formulierte Worte heute noch ihre Gültigkeit besitzen und einprägsame bildhafte Lebensregeln bieten.

Die vorliegende Sammlung beschränkt sich auf zwölf Sprichwörter, die der Bibel entstammen und stellt mit kurzen Geschichten einen Bezug zum heutigen Alltag her. Zwölf christliche Gedichte zum Lobpreis des Herrn erweitern die Beleuchtung der Sprichwörter um Betrachtungen zur Schöpfung des Herrn und des Wirkens seines Sohnes Jesus Christus. Den Abschluss bilden zwölf Gebete für verschiedene Anlässe.

Kapitel 1
Der Bibel entstammende Sprichwörter

Spruch 1:
Der Geist ist willig, aber das Fleisch ist schwach

»Wenn Sie nicht mit dem Rauchen aufhören, dann brauchen wir Sie gar nicht zu operieren.« Das sagte der Arzt zu dem 60jährigen Patienten, der gerade einen Herzinfarkt erlitten hatte und dem nun Bypässe eingesetzt werden sollten.

»Ja, ich weiß schon, ich werde mit dem Rauchen aufhören«, erwiderte der Patient nachdenklich. Die besorgte Ehefrau war nun zuversichtlich, dass sich ihr Mann diese – womöglich letzte – Warnung endlich zu Herzen nehmen würde.

So kam der Tag der Operation. Der Eingriff verlief zufriedenstellend und der Mann konnte bald wieder die Intensivstation verlassen. Ein paar Tage später besuchte die Frau ihren Mann im Krankenhaus, um ihn über die Verlegung in die Reha-Klinik zu informieren. Sie fand ihn jedoch nicht im Zimmer vor. Nach einigem Suchen sah sie ihn im Klinikpark spazieren gehen, mit einer brennenden Zigarette in der Hand. Ihre Enttäuschung war natürlich groß.

»Du hast mir doch versprochen, aufzuhören«, sprach sie ihren Ehegatten an, der nun, da er ertappt wurde, verlegen den Glimmstängel ausdrückte.

»Ach, weißt Du, ich würde ja schon gerne aufhören, aber es ist halt nicht so einfach,

Schatz«, antwortete er resigniert. In den nächsten Tagen und Wochen folgten noch zahllose Versuche und Versprechungen, nun endlich aufzuhören mit dem todbringenden Laster, doch der Wille war nicht ausreichend, denn »der Geist ist willig, aber das Fleisch ist schwach«.

Dieses Sprichwort hat seinen Ursprung in der Bibel. Vor seiner Gefangennahme kamen Jesus und seine Jünger in den Garten Gethsemane (bedeutet Ölberg bzw. Ölpresse). Jesus wollte dort beten und befahl seinen Jüngern, sie sollen sich setzen, bis er gebetet habe.

Petrus, Jakobus und Johannes nahm er mit sich. Jesus wurde sehr bestürzt und war geängstigt, weil er wusste, dass er seinem Erlösertod am Kreuz nahe war.

Er sprach zu den drei Jüngern: »Meine Seele ist betrübt, bis zum Tod.« Sie sollten hier bleiben und wachen.

Jesus ging ein wenig weiter und fiel auf die Erde. Er betete, dass – wenn es möglich sei – die Stunde an ihm vorübergehe und bat seinen Vater im Himmel, diesen Kelch (Kreuzigung) von ihm zu nehmen. Jesus sagte jedoch seinem Vater im Himmel, dass nicht geschehen solle, was er wolle, sondern was der Vater will.

Danach ging er zu den drei Jüngern und fand sie schlafend vor.

Er sprach zu Petrus: »Konntet ihr nicht eine Stunde wachen? Wacht und betet, damit ihr nicht in Versuchung kommt!« Er stellte fest, dass der Geist zwar willig war, das Fleisch aber schwach.

Dann ging Jesus wieder zu dem Platz, an dem er gebetet hatte und betete nochmals das

Gleiche. Als er wieder zu den Jüngern zurückkam, fand er sie wieder schlafend vor. Sie mussten ziemlich müde sein und wussten nicht, was sie ihm antworten sollten.

Als er zum dritten Mal zu ihnen kam, sprach er zu ihnen: »So schlaft denn fort und ruht aus!« Seine Stunde sei gekommen, er würde in die Hände der Sünder überliefert werden.

»Steht auf, lasst uns gehen. Siehe, der mich überliefert hat ist nah!«

Spruch 2:
Ein salomonisches Urteil

Im Eislinger Stadtteil Krummwälden gibt es eine Kirche, die an einem alten Pilgerweg liegt, der nach Santiago de Compostela führt, wo der heiliggesprochene Jakobus begraben liegt. Daher trägt sie auch den Namen Jakobuskirche. Diese Kirche ist weithin bekannt. Sie weist nämlich gleich zwei Altäre auf. Der zweite Altar ist ein gotischer Steinaltar, der vor einigen Jahren bei einer Renovierung des Chorraums wiederentdeckt wurde. Ein hölzerner Sockel, auf dem der Flügelaltar ruhte, hatte sich als Verschalung für den alten Steinaltar entpuppt, der über hundert Jahre dort sein Dornröschendasein verbracht hatte.

Der Altar gehört zu den wenigen gut erhaltenen gotischen Altären. Er besteht aus zwölf Sandsteinquadern, so wie es auch im Alten Testament steht, und die Abschlussplatte ist aus Granit. Schon in den vierziger Jahren hat anscheinend niemand mehr etwas von dem Steinaltar gewusst. Damals wurde ein Tabernakel in den Flügelaltar integriert. Ein Reliquiengrab in der Granitplatte zeugt heute noch davon. Als nun der Sandsteinaltar wieder zutage trat, entdeckte der Pfarrer in den alten Quadern ein zweites Reliquiengrab, in dem sich ein würfelförmiger Schrein aus Zinn oder Blei sowie ein ledernes Siegel aus der Zeit um 1480 befanden.

Die Entdeckung des steinernen Kleinods stellte die Gemeinde vor ein Problem. Was sollte aus dem wertvollen geschnitzten Flügelaltar aus dem frühen 16. Jahrhundert werden? Es gab viele Diskussionen, bei denen es auch heiß herging. Aufgebrachte Gemeindebürger, die um ihren altvertrauten Altar fürchteten, drohten gar mit Kirchenaustritt. Eine Einigung schien lange nicht in Sicht.

Schließlich fällte die Denkmalbehörde ein salomonisches Urteil: beide Altäre sollen bleiben. Damit es genügend Platz gab, musste aber der Steinaltar nach vorne versetzt werden.

Der Name des biblischen Königs Salomo, auf den der Begriff »salomonisch« zurückgeht, ist mit dem hebräischen Wort »Schalom« verwandt und bedeutet so viel wie »Frieden« oder »Wohlergehen«. In der Bibel findet man unter 1. Könige, Kapitel 3, Vers 16 – Vers 28, folgendes:

Salomos 40jährige Regierungszeit begann 967 v. Chr. Unter seiner Herrschaft erlebte Israel seine goldene Zeit. Er war der dritte König Israels und führte so wenig Kriege, wie kein anderer König Israels. Als der große König David nach vierzigjähriger Regierungszeit – davon sieben Jahre als König von Hebron und 33 Jahre in Jerusalem – starb, setzte sich Salomo auf den Thron seines Vaters David (1. Könige, Kapitel 2, Vers 10 – Vers 12).

König Salomo ging einmal nach Gibeon (etwa 10 km von Jerusalem entfernt), um dort Schlachtopfer darzubringen. Da erschien ihm Gott in der Nacht in einem Traum. Gott sprach zu Salomo, er solle bitten, was er ihm geben solle. Salomo bat Gott um ein hörendes Herz, das Volk Gottes zu richten und zu unterscheiden zwischen Gut und Böse (1. Könige, Kapitel 3, Vers 4 – Vers 9).

Im Klartext bedeutet dies, dass er Gott um Weisheit bat. Gott gefiel es, dass Salomo um diese Sache gebeten hatte. Er hatte nicht um ein langes Leben, Reichtum oder die Vernichtung seiner Feinde, sondern um Verständnis gebeten, auf das Recht zu hören (Weisheit). Salomo hatte erkannt, dass es eine große und verantwortungsvolle Sache ist, wenn er seinen Weg als Führer des Volkes Israel gehen soll, und dass es dabei entscheidend darauf ankam, dass er den Willen Gottes erkennt und tut und somit weiß, wie er mit seinem Volk zu gehen hat. Und Gott schenkte ihm Weisheit. Er gab ihm ein weises und verständiges Herz, so dass es vor ihm keinen wie ihn gegeben hat und nach ihm keinen wie ihn geben würde. Gott beschenkte ihn reich und gab ihm auch das, was er nicht erbeten hatte: Reichtum und Ehre. Er sicherte ihm auch ein langes Leben zu, wenn er auf den Wegen Gottes gehen und seine Ordnungen und seine Gebote bewahren würde, so wie sein Vater David.

Als Salomo aus seinem Schlaf erwachte, merkte er, dass Gott zu ihm im Traum gesprochen hatte (1. Könige, Kapitel 3, Vers 10 – Vers 15).

Eines Tages war es dann soweit. Salomos Weisheit kam auf den Prüfstand (1. Könige, Kapitel 3, Vers 16 – Vers 28). Damals kamen zwei Huren zu ihm und brachten einen etwas außergewöhnlichen Fall vor den König Salomo. Beide Frauen wohnten in einem Haus. Eine Frau hatte gerade erst vor kurzem ein Kind geboren. Die andere Frau gebar nach drei Tagen ebenfalls ein Kind. Eines Nachts jedoch starb der Sohn dieser Frau, weil sie es offenbar im Schlaf erdrückt hatte. Sie aber nahm der anderen Frau ihren Sohn mitten in der Nacht von ihrer Seite weg und nahm ihn zu sich. Ihren Sohn aber legte sie zu der anderen Frau. Diese bemerkte, als sie am nächsten Morgen aufstand, um ihren Sohn zu stillen, dass er tot war. Sie sah sich das Kind genauer an und bemerkte, dass es gar nicht ihr Sohn war. Es entfachte sich ein Streit zwischen den beiden Frauen um die Kinder und jede behauptete, dass das lebende Kind ihres und das tote Kind das der anderen sei.

Salomo hörte sich den Fall und die Behauptungen der Frauen genau an. Schließlich befahl er, ihm ein Schwert zu geben. Salomo wollte das Kind in zwei Teile zerschneiden. Die Frau, deren Sohn der lebende war, bat den König Salomo, das Kind der anderen Frau zu geben, aber er solle es nicht töten. Die andere Frau wollte es jedoch zerschneiden lassen, da es weder ihr noch der anderen Frau gehören sollte.

Dann fällte König Salomo sein Urteil, indem er sprach: »Gebt der ersten Frau das lebende Kind und tötet es ja nicht! Sie ist seine Mutter.«

In dieser Rechtsfindung erkennt man, dass König Salomo die echte Liebe herausforderte, die nicht an sich, sondern an das Kind denkt. Daran war die wirkliche Mutter erkennbar. König Salomo hatte gewusst, dass die wahre Mutter niemals ihr Kind zerteilen hätte lassen und fand so heraus, welche die wahre Mutter war. Ganz Israel hörte von diesem Urteil des König Salomo und alle waren beeindruckt davon. Das Volk sah, dass die Weisheit Gottes in ihm war um Urteile zu fällen, die gerecht waren. Heute noch spricht man, wenn ein weises Urteil oder eine besonders weise Entscheidung getroffen wird, von einem »salomonischem Urteil«.

Spruch 3:
Ich wasche meine Hände in Unschuld

Es war an einem frostigen Tag im Februar, als das Eis brach. Drei kleine Kinder waren mit ihrem Schlitten auf den zugefrorenen See gegangen und als sie die Mitte erreichten, passierte es: Plötzlich knackte und knirschte es, die dünne Eisdecke gab nach und zwei Kinder fielen ins Wasser. Es waren Leute am Ufer, die das Unglück beobachteten. Sie überlegten, was wohl zu tun sei, schätzten die Gefahr ab und überlegten. Und dann kamen immer mehr Leute dazu und überlegten ebenfalls und dachten sich: da sind ja schon so viele Leute, da wird sicher schon etwas getan und die Hilfe ist unterwegs. Doch es verrannen die Minuten und nichts geschah, weil keiner daran gedacht hatte, Hilfe zu holen. Jeder hat sich auf den anderen verlassen und damit hatte er auch die Kinder verlassen, die um ihr Leben kämpften und diesen Kampf schließlich verloren, da die Hilfe viel zu spät kam. Denn erst nach einer halben Stunde hatte ein Anwohner die Feuerwehr gerufen, dem dann nur noch die traurige Aufgabe der Leichenbergung oblag. Die spätere Befragung der Beteiligten ergab, dass sich keiner einer Schuld bewusst war. Sie schoben die Verantwortung auf andere, »wuschen ihre Hände in Unschuld« und »verurteilten« die unschuldigen Kinder indirekt und unbewusst letztendlich zum Tode.

An jeder Unfallstelle trifft man sie, die neugierigen Gaffer. Manche scheinen sich geradezu am Leid anderer zu ergötzen. Die Medien verurteilen dies zwar, aber sie leben auch davon. Für die neugierigen Zuschauer bei den Hinrichtungen des Mittelalters war die Tötung eines Menschen ein Volksfest. Heute zählt nur, wer die besten Fotos von einem Unfall macht. Mitleid ist kaum gefragt; auf den Nervenkitzel kommt es an.

Jesus war gefangen genommen (Matthäus, Kapitel 26, Verse 47 – 56), vor den hohen Rat gebracht worden (Matthäus, Kapitel 26, Verse 57 – 68). Petrus hatte ihn dreimal verleugnet (Matthäus, Kapitel 26, Verse 69 – 75) und Judas hatte sich schließlich erhängt (Matthäus, Kapitel 27, Verse 3 bis 10). Nun wurde er vor Pilatus, dem Statthalter von Jerusalem wegen »Gotteslästerung« angeklagt. Jesus behauptete, dass er der Sohn Gottes, der Messias und der König der Juden sei (Matthäus, Kapitel 27, Vers 11 – 14). Es war gerade die Zeit des jüdischen Passahfestes.

Das Passahfest geht auf das wichtigste Ereignis in der Frühgeschichte Israels zurück. Es war die Befreiung aus der Sklaverei, der Auszug aus Ägypten. Das zweite Buch Mose (Exodus) berichtet davon. Gott hatte zehn Plagen über Ägypten kommen und alle Erstgeborenen des Landes Ägypten töten lassen. Dies lag an der Hartherzigkeit des Pharao, der das Volk nicht ziehen lassen wollte. Gott befahl den Israeliten, die Pfosten und Oberschwellen der Türen ihrer Häuser mit dem Blut eines fehlerlosen Lammes zu bestreichen. An den so gekennzeichneten Häusern ging Gott vorüber und verschonte sie (2. Mose, Kapitel 12, Verse 5 – 7 und Verse 21 – 23). Das Wort Passah kommt übrigens aus dem hebräischen und bedeutet »vorübergehen«.

Am Anfang des Festes wurde ein Lamm (Altes Testament: Passahlamm, Neues Testament: das vergossene Blut von Jesus Christus durch seine Kreuzigung) geopfert. Am zweiten Tag wurde es zum »Fest der ungesäuerten Brote«. In der Passahwoche durfte das Volk Israel nur ungesäuertes Brot essen. Dies hängt mit der Eile des Auszugs aus der ägyptischen Gefangenschaft zusammen. Doch viel wichtiger ist es, das Passahfest aus der Sicht des Neuen Testaments zu sehen. Es erweist sich als Vordeutung auf den Tod Jesus Christi. Jesus ist das für alle Menschen geopferte, endgültige »Passahlamm« des neuen Bundes mit Gott. Er wurde von Gott geopfert, damit überhaupt ein neuer Bund (Neues Testament) mit dem sündigen Menschen möglich wurde. Jesu Tod am Kreuz von Golgatha ist die Brücke zwischen Gott und dem Menschen geworden. Das Kreuz hat die Kluft zwischen Gott und dem Menschen überbrückt, so dass der Mensch nun über Jesus Zugang zum Vater bekommen hat. Zu diesem Fest war es üblich, der Volksmenge einen jüdischen Gefangenen freizulassen. Damit wollten die Römer einen Aufruhr der Juden an diesem Tag vorbeugen.

Barrabas war ein berüchtigter Gefangener, der sich des Aufstandes und des Mordes schuldig gemacht hatte. Er war ein Rebell gegen die römische Herrschaft und deshalb womöglich bei seinen Landsleuten beliebt. Pilatus, der Statthalter von Jerusalem, stellte das Volk vor die Wahl. Sie sollten bei der Freilassung zwischen Jesus und Barrabas wählen. Die Hohepriester und die Ältesten beeinflussten die Volksmenge, Barrabas Freilassung zu fordern und Jesus ans Kreuz zu bringen. Das Volk forderte dann die Freilassung des Barrabas und den Tod Jesu. Pilatus wollte noch mal wissen, was Jesus denn Böses getan hätte. Das Volk aber schrie über die Maßen und verlangte die Kreuzigung von Jesus und die Freilassung des Barrabas. Pilatus verstand diese Haltung der Juden nicht. Welches Verbrechens hatte sich Jesus schuldig gemacht? Warum sollte er gekreuzigt werden? Für Pilatus war es offensichtlich, dass er das Volk nicht besänftigen konnte und ein Aufruhr drohte.

So nahm er Wasser, wusch seine Hände vor der Volksmenge und sprach: »Ich bin schuldlos an dem Blut dieses Gerechten!«

Um ihre Unschuld zu demonstrieren, war es bei den Juden im Alten Testament der Brauch sich vor dem versammelten Gericht die Hände zu waschen, um so seine Unschuld zu besiegeln. Im Neuen Testament wäscht der römische Statthalter Pontius Pilatus vor der Verurteilung Jesu ebenfalls seine Hände, damit wollte er zeigen, dass er mit dieser Sache nichts zu tun hatte, keine Verantwortung dafür tragen wolle und seine Unschuld am Schicksal von Jesus beteuere. Jesus aber ließ er geißeln und überführte ihn, damit er gekreuzigt werde (Matthäus, Kapitel 27, Vers 15 – 26).

Spruch 4:
So sicher, wie in Abrahams Schoß

Er trieb schon seit zwei Tagen im Meer. Die Yacht war gekentert und die rettenden Insel Mauritius sicher noch über 100 Seemeilen entfernt. Der Sturm hatte sich gelegt und nun brannte die erbarmungslose Sonne auf ihn hernieder und er litt an furchtbarem Durst. Die Kräfte schwanden und der Mann hatte Angst, die Nacht nicht mehr zu überstehen. So brach die Nacht herein und der Morgen graute. Das kleine Schlauchboot tanzte auf den Wellen und drohte den Mann auszuspucken, um ihn den bereits hungrig um das Boot schwimmenden Haien zum Fraß vorzuwerfen. Die Wogen wurden immer stärker und der Mann konnte sich kaum mehr halten. Da sandte er Stoßgebete gen Himmel und bat um Errettung aus seiner Not. Als er sich schon kaum mehr auf dem Boot halten konnte und bereits mit seinem Leben abgeschlossen hatte, war auf einmal alles ruhig. Das Boot schaukelte nicht mehr und das Meer war völlig ohne jede Welle. Der Mann konnte es nicht fassen und wähnte sich bereits im Himmel. Doch er befand sich durchaus auf der Erde. Das Meer war absolut ruhig. Es überkam ihn so etwas wie Euphorie. Er wusste, nun könnte ihm nichts mehr passieren und er fühlte, dass bald Rettung nahte. Ja, der Mann fühlte sich nun »so sicher, wie in Abrahams Schoss«.

Tatsächlich wurde der Mann zwei Tage später gerettet und er überstand den Schiffbruch ohne größere Folgen. Der Grund für die plötzliche Beruhigung des Meeres war ein großes Tankerunglück vor Mauritius. Das auslaufende Öl hatte die Wogen geglättet und die internationalen Bergungsteam, die wegen des verunglückten Tankers kamen, hatten schließlich das winzige Schlauchboot entdeckt. So rettete eine Naturkatastrophe schließlich einem Menschen das Leben.

Nachdem Jesus in den Versen 1 – 18 des 16. Kapitels Lukas über die Verwaltung der materiellen Güter gesprochen hat (Gleichnis vom ungerechten Verwalter – Gesetz und Evangelium), schildert er nun in Kapitel 16, Verse 19 – 31 das Leben, den Tod und das endgültige Schicksal von zwei Menschen. Er spricht hier nur von einem »reichen Mann«, dem er keinen Namen gibt und dem armen Lazarus.

Der Reiche lebte alle Tage fröhlich und in Prunk. Der arme Lazarus lag an dessen Türe, um sich an den Abfällen vom Tisch des Reichen zu sättigen. Der Reiche trug nur kostbare Gewänder. Sein Tisch war mit den köstlichsten und besten Speisen gedeckt. Er dachte nur an sein Wohl und kümmerte sich nicht um seine Mitmenschen. Lazarus dagegen war ein heruntergekommener Bettler, der jeden Tag vor der Türe des Reichen lag. Er gab bestimmt kein schönes Bild ab, denn er war voller Geschwüre, so dass die Hunde kamen und ihn belästigten, in dem sie seine Geschwüre leckten. Schließlich starb der arme Lazarus und wurde von den Engeln in Abrahams Schoß getragen. Es starb aber auch der Reiche, der seinen Leib gepflegt und sehr viel Geld für sein »leibliches Wohl« ausgegeben hatte, und wurde begraben. Er kam mit einer direkten Fahrkarte in den Hades, den Ort der Qualen

(Hölle), Als er in Qualen war, sah er Abraham von weitem und Lazarus in seinem Schoß sitzen.

Er rief ihn an: »Vater Abraham, erbarme dich meiner und sende Lazarus, dass er die Spitze seines Fingers ins Wasser tauche und meine Zunge kühle«. Abraham aber erinnerte ihn an sein pompöses Leben in Reichtum, und an die Armut des Lazarus. Jetzt aber waren die Rollen vertauscht, die auf der Erde bestanden. Lazarus wurde bei Abraham getröstet, der Reiche aber litt Pein.

Abraham klärte ihn auf, dass es keinen Weg vom Aufenthaltsort der Erlösten zu dem der Verlorenen und umgekehrt geben würde. Der Reiche bat jedoch Abraham darum, dass er Lazarus in das Haus seines Vaters senden solle, denn er habe fünf Brüder. Lazarus solle ihnen eindringlich Zeugnis ablegen, damit sie nicht auch an diesen Ort der Qualen kommen sollen. Abraham sprach jedoch, dass diese ja noch Mose und die Propheten haben, mögen sie die hören. Der Reiche meinte, wenn jemand von den Toten zu ihnen gehen würde, so würden sie Buße tun.

Abraham erwiderte: »Wenn Menschen nicht auf die Bibel hören, dann würden sie auch nicht glauben, wenn jemand »aus den Toten aufersteht«. So war es schließlich auch bei Jesus, der nach drei Tagen von den Toten auferstanden und von dem Volk Israel, den Juden, nicht als Messias anerkannt wurde.

Der reiche Mann blieb im Hades, dem Ort des Leidens und der Reue. Lazarus blieb jedoch bei Abraham und war dort in der Herrlichkeit. Es konnte ihm nun nichts mehr geschehen, denn er war »so sicher, wie in Abrahams Schoss«.

Spruch 5:
Zum Sündenbock gemacht werden

Immer noch werden Hexen verbrannt. Auch wenn die Scheiterhaufen heute nicht mehr brennen, die »Verbrennung« geschieht heutzutage subtil. Sie geschieht durch Ächtung in der Öffentlichkeit. Es werden immer Schuldige gesucht. So müssen immer wieder Politiker ihren Hut nehmen, da ihnen die Verantwortung für einen Skandal zugeschoben wird. Sie sind sicher bereits verantwortlich durch ihr Amt, werden aber auch ganz persönlich zum Sündenbock gestempelt. Oder die Vorstandsvorsitzenden des größten deutschen Automobilkonzerns und des größten Telekommunikationskonzerns. Sie sind die modernen Sündenböcke, die nicht nur für eigenes Fehlverhalten, sondern oftmals auch für Versäumnisse und Verfehlungen anderer gerade stehen müssen. Jemanden »in die Wüste schicken« hat den gleichen Ursprung und die gleiche Bedeutung, wie jemanden »zum Sündenbock machen«.

Der Ursprung der Hexenverfolgung lag in der uralten Vorstellung der Menschen von bösen Geistern bzw. Wesen mit magischen Kräften. Im Mittelalter nahm der Glaube speziell an die Hexerei immer mehr zu und wo immer ein Sündenbock gebraucht wurde, sei es wegen Missernten oder Seuchen, wurden Personen, meist Frauen beschuldigt, einen Pakt mit dem Teufel eingegangen zu sein, um anderen mit Zauberei zu schaden. Von 1230 bis 1430 kam es im christlichen Abendland zu Ketzerverfolgungen, denen auch viele als »Hexen« bezeichnete Frauen zum

Opfer fielen.

Am 5. Dezember 1484 erließ Papst Innozenz VIII. die Hexenbulle »Summis desiderantes affectibus«. Kaiser Maximilian I. unterstützte dies ausdrücklich. Nun fühlten sich die päpstlichen Inquisitoren in ihrem Wirken bestätigt. Die Dominikaner und Inquisitoren Jacob Sprenger und Heinrich Institoris veröffentlichten wenige Jahre später den »Hexenhammer«, der konkrete Anweisungen zur Durchführung der Hexenprozesse enthielt und zum Handbuch für kirchliche und weltliche Richter in allen Fragen der Hexerei wurde.

Der Hexenwahn verbreitete sich wie eine Epidemie und viele unschuldige Menschen starben, da schon Gerüchte genügten, um sie vor den Richter der Inquisition zu bringen und dort aufgrund des ausgeklügelten Systems von Befragung, Proben und Folter keine Chance hatten ihre Unschuld zu beweisen. Vom eingezogenen Vermögen der Verurteilten profitierten Staat und Kirche zu gleichen Teilen.

Einer der wichtigsten Gegner der Hexenverfolgung war der Jesuit Friedrich von Spee (1591 - 1635), der auch als Hexenanwalt bekannt wurde. Sein Werk »Cautio Criminalis« trug dazu bei, dass die Verfolgung von Frauen, die als Hexen bezichtigt wurden, nachließ. Aber erst in der Zeit der Aufklärung (18. Jhd.) konnte sich sein Gedankengut voll durchsetzen.

So schrieb von Spee in der Cautio Criminalis »Gegen die Folter«: »Was suchen wir so mühsam nach Zauberern? Hört auf mich, ihr Richter, ich will euch gleich zeigen, wo sie stecken. Auf, greift Kapuziner, Jesuiten, alle Ordenspersonen und foltert sie, und sie werden gestehen. Leugnen welche, so foltert sie drei-, viermal, sie werden schon bekennen. Bleiben sie noch immer verstockt, dann exorziert, schert ihnen die Haare vom Leib, sie schützen sich, der Teufel macht sie gefühllos. Fahrt nur fort, sie werden sich endlich doch ergeben müssen. Wollt ihr dann noch mehr, so packt Prälaten, Kanoniker, Kirchenlehrer, sie werden gestehen, denn wie sollen auch diese zarten, feinen Herren etwas aushalten können? Wollt ihr immer noch mehr, dann will ich euch selbst foltern lassen und ihr dann mich. Ich werde nicht in Abrede stellen, was ihr gestanden habt. So sind wir schließlich alle Zauberer.«

Wer ist schon gerne ein Sündenbock? In der heutigen Zeit ist dies meistens eine Person, auf die eine Schuld aufgelegt wird. Oftmals hat diese Person eigentlich nichts mit einem Geschehen zu tun, für das ein Sündenbock benötigt wird. Hauptsache, es findet sich einer. Das dritte Buch Mose (Levitikus) berichtet von einigen Gesetzen, die für Opferdarbringungen eingehalten werden mussten und natürlich von den Opferungen selbst. Bestimmte Rituale mussten für ein bestimmtes Opfer eingehalten werden. Die Juden mussten diese Rituale damals wie heute befolgen, da Gott ihnen dies befohlen hatte.

In 3. Mose, Vers 16, Kapitel 15 – 20 wird das Ritual beschrieben, welches durchgeführt werden musste, um die Sühnung des Heiligtums und des Zeltes der Begegnung und des Altars zu vollenden. Denn dort wohnte Gott. Hierfür wurde ein Ziegenbock geschlachtet und für ein Ritual verwendet. Dann sollte ein lebender Ziegenbock herbeigebracht werden. Aaron, der Hohepriester, sollte seine beiden Händen auf den Kopf des lebenden Ziegenbocks legen und auf ihn alle Schuld der Söhne Israels und alle ihre Vergehen, nach allen Sünden, dem »Sündenbock« auflegen. Aaron tat dies und schickte den Sündenbock durch einen bereitstehenden Mann fort in die Wüste. Dadurch wurde die Schuld auf den Ziegenbock geladen, der diese mit sich in ein ödes Land in die Wüste mitnimmt (3. Mose, Vers 16, Kapitel 20 – 22). Keines dieser Opfer durfte gegessen werden. Dieser Ziegenbock wurde somit zum Sündenbock gemacht.

Im dritten Buch Mose geht es unter anderem auch noch um Brandopfer, Speiseopfer, Heilsopfer, Sündeopfer für unwissend begangene Sünden, Gesetz von Sündeopfern, Schuldopfer, Gesetz von Brandopfer und Speiseopfer usw.. Diese Opfer kennt die heute bekehrte Christenheit nicht mehr, die an Jesus Christus glaubt. Jesus sagt in Johannes, Kapitel 14, Vers 6: Der Sohn Gottes, Jesus Christus, wurde für die bekehrten Christen geopfert, deshalb fallen solche Rituale und Opferungen weg. Er ist das Opferlamm geworden, das alle unsere Schuld und Sünde am Kreuz von Golgatha auf sich lud, so dass keine Opfer« mehr nötig sind, zur Vergebung der Sünden. Nicht durch Werke, sondern durch die Gnade wird einem die Errettung geschenkt. Denn so hat Gott die Welt geliebt, dass er seinen eingeborenen Sohn gab, damit jeder, der an ihn glaubt, nicht verloren geht, sondern ewiges Leben hat (Johannes, Kapitel 3, Vers 15/16).

Spruch 6:
Wie Schuppen von den Augen fallen

In der Geschichte vom willigen Geist und dem schwachen Fleisch wurde bereits über ihn berichtet, den Raucher mit den Bypässen, der nicht aufhören konnte zu rauchen. Ein paar Jahre später wurde der Mann wieder in die Intensivstation eingeliefert. Es war – fast auf den Tag genau – fünf Jahre nach dem ersten Herzinfarkt, als er in der Nacht mit starken Herzschmerzen aufwachte und seine Frau weckte.

»Ruf den Notarzt, ich glaube ich habe wieder einen Infarkt«, rief er mit schmerzverzerrtem Gesicht. Innerhalb von zehn Minuten kam der Rettungswagen, der ihn sogleich in die Klinik einlieferte. Dort lief das in solchen Fällen vorgesehene Routineprogramm ab. Man legte einen Herzkatheder, um eine verengte Stelle beseitigen zu können. Einen Herzinfarkt konnte man jedoch nicht feststellen. Nach dem Eingriff ging es dem Mann jedoch ganz schlecht. Er konnte nichts mehr sehen und er wusste nichts mehr! Er rief nach der Krankenschwester, die ihn beruhigte und meinte, das käme von dem gespritzten Kontrastmittel. Doch es wurde nicht besser und so kam der Mann schließlich zur Röntgenuntersuchung. Dabei wurde festgestellt, dass die Kathederuntersuchung einen Schlaganfall ausgelöst hatte, der das Sehzentrum betroffen und auch das Erinnerungsvermögen beeinträchtigt hat. Der Mann war verzweifelt, denn er konnte nicht nur nichts mehr sehen, er erinnerte sich auch nicht mehr, ja er wusste nicht mal mehr seinen Namen. Dank der Behandlung im Krankenhaus besserte sich sein Zustand jedoch schon nach wenigen Tagen so weit, dass er wieder Gegenstände erkennen konnte und er erkannte auch seine Frau wieder. Nur bei einigen Begriffen musste er überlegen und er suchte oft lange nach den Worten. Er hatte nun Zeit über die vergangenen Jahre nachzudenken, in denen er seine Familie vernachlässigt hatte. Er hatte getrunken und seine kostbare Lebenszeit in Kneipen verbracht, wo er trotz des Herzinfarktes weiter geraucht hatte. Damit hatte er seine Gesundheit ruiniert und hätte fast die Familie zerstört. Doch nun kehrte sein Sehvermögen langsam wieder und es »fiel ihm wie Schuppen von den Augen«: Nun würde er sein Leben umstellen und die Zeit, die ihm Gott noch ließ, seiner Familie widmen.

Die Bibel berichtet in der Apostelgeschichte, Kapitel 9, Vers 1 – Vers 18 von der Bekehrung des Saulus.

Diese Bekehrung ist ein bedeutender Wendepunkt in der Geschichte des frühen Christentums. Saulus war Jude und als er das Wachstum des Christentums beobachtete, sah er es als Bedrohung des Judentums an. Er holte sich eine offizielle Genehmigung, nach Jüngern Jesu zu suchen, sie zu verfolgen und »gebunden« nach Jerusalem zu führen. Dort sollte ihnen der Prozess gemacht und sie bestraft werden. Er schnaubte Drohungen und Mord gegen die Jünger des Herrn Jesus Christus aus (Apostelgeschichte, Kapitel 9, Vers 1).

So zog Saulus aus, um die ersten Christen zu verfolgen. Als er hinzog und sich Damaskus näherte, geschah etwas Außergewöhnliches. Es umstrahlte ihn plötzlich ein helles Licht aus dem

Himmel, das ihn auf die Erde fallen ließ.

Er hörte eine Stimme, die zu ihm sprach: »Saul, Saul, was verfolgst du mich?«

Saulus war vollkommen verwirrt und fragte: »Wer bist du, Herr?«

Er bekam die Antwort: »Ich bin Jesus, den du verfolgst.« Jesus gebot Saulus, aufzustehen und in die Stadt zu gehen. Dort würde ihm gesagt werden, was er tun solle. Seine Begleiter standen sprachlos da, da sie wohl die Stimme hörten, aber niemanden sahen. Saulus stand auf, öffnete die Augen und war blind. Seine Begleiter mussten ihn an die Hand nehmen und nach Damaskus führen. Er konnte drei Tage nichts sehen. Außerdem aß und trank er nichts (Apostelgeschichte, Kapitel 9, Vers 1 – Vers 9).

In Damaskus lebte ein gläubiger Christ namens Hananias. Der Herr Jesus erschien ihm und sprach, er solle in die Straße, welche die »Gerade« genannt würde, gehen. Im Hause des Judas solle er nach einem Mann mit Namen Saulus von Tarsus fragen. Dieser habe gebetet und in einem Gesicht einen Mann mit Namen Hananias gesehen, der zu ihm kam und ihm die Hände auflegte, damit seine Blindheit von ihm wich. Hananias kannte Saulus und seine bösen Taten gegen die Christen und sagte dies dem Herrn. Der Herr aber befahl ihm dort hinzugehen, da Saulus für ihn ein auserwähltes Werkzeug war, um den Namen des Herrn vor Nationen, Könige und Söhne Israels zu tragen. So geschah es denn auch, dass Hananias zu Saulus ging. Hananias legte ihm die Hände auf und nannte ihn »Bruder Saulus«. Er erklärte ihm auch den Zweck seines Besuches. Es ging darum, dass Saulus wieder sehend würde. Außerdem sollte er mit Heiligem Geist erfüllt werden. Und sogleich »fiel es ihm wie Schuppen von den Augen«. Er wurde sehend, stand auf und ließ sich taufen.

Aus dem Saulus wurde nun der Apostel Paulus, der die Christen nicht mehr verfolgte, sondern dem Herrn Jesus Christus nachfolgte, um das Evangelium zu verkünden und zu verbreiten.

Spruch 7:
Ein biblisches Alter erreichen

Es war ein sonniger Frühlingstag in einem oberbayerischen Dorf mit ca. 500 Einwohnern. Dort, wo noch jeder jeden kennt. Es wäre kein besonderer Tag gewesen, hätte heute nicht die beliebte »Oma Maria«, wie sie von allen liebevoll genannt wurde, Geburtstag gehabt. Nun, das wäre an sich nicht erwähnenswert, wenn es ein normaler Geburtstag gewesen wäre. Aber es war kein normaler Geburtstag, den Oma Maria an diesem Tage beging, es war ihr 100ster Geburtstag.

Die alte Dame war trotz ihres Alters noch recht rüstig und alle schätzten sie auf höchstens 80. Zumal sie noch ihren eigenen Haushalt führte und nicht im entferntesten daran dachte, zu einem ihrer Kinder zu ziehen oder in ein Altenheim zu gehen. Vor 20 Jahren war ihr Mann gestorben mit dem sie fast 60 Jahre verheiratet war. Sie hatten acht Kinder, von denen jedoch bereits schon drei verstorben waren. An diesem Tag wuchs die Gemeinde von 500 Einwohnern auf über 700 Menschen. Oma Maria´s Kinder waren gekommen und deren Kinder und wiederum deren Kinder und sonstige Verwandte, Bekannte und Freunde. Der Saal im Gemeindehaus war festlich geschmückt worden und die örtlichen Vereine hatten sich einige Überraschungen ausgedacht. So wurde Oma Maria bereits am Morgen durch eine Gesangseinlage des Männerchores aufgeweckt. Viele, die an der Gestaltung dieses Festes mitwirkten, waren ziemlich nervös. Ob auch alles so klappen würde, wie sie es sich vorgestellt hatten?

Auch die Presse, aus der nahegelegenen Kreisstadt war ausgerückt, um über dieses besondere Ereignis zu berichten. Am Nachmittag musste sich die Jubilarin einer »Gratulationskur« unterziehen und immer wieder betonen, dass es nicht ihr Verdienst sei, das 100ste Lebensjahr erreicht zu haben, sondern die reine Gnade Gottes. Sie hatte zwei Weltkriege überlebt und strotzte immer noch vor Gesundheit. Abgesehen von den kleinen »Zipperlein«, die aber auch schon manche Menschen Mitte dreißig plagten. Der Geschenktisch von Oma Maria begann sich bereits unter der Last zu biegen. Die meisten Glückwünsche lauteten auf »weitere Gesundheit« und »auf die nächsten 100 Jahre«. Sie hätte so gerne noch ihren Fritz, den verstorbenen Ehemann, an diesem Tag bei sich gehabt. Sie vermisste ihn schon sehr.

Nachdem alle Gäste reichhaltig Kaffee und Kuchen genossen hatten, kam es zu einem Höhepunkt der Feier. Der Bürgermeister verlieh Oma Maria, als der ältesten Bürgerin im Dorf, die Ehrenbürgerschaft. Auch einige andere Vereine verliehen ihr die Ehrenmitgliedschaft. Der Bürgermeister hielt eine lange Rede und ließ ihr ganzes Leben noch einmal Revue passieren, mit allen Höhen und Tiefen.

Wenn man heute von einem biblischen Alter spricht, dann meist, wenn ein Mensch die »100-Jahre-Schallmauer« durchbricht. Bei einer durchschnittlichen Lebenserwartung des heutigen Menschen, das für Frauen bei 82 Jahren liegt, ist es schon etwas Besonderes, dieses Alter zu überschreiten.

Fast ganz am Anfang der Bibel stößt man bei 1. Mose, Kapitel 5, Vers 3 – 32 auf eine Bibelstelle, in der eine Reihe von Männern aufgeführt wird, die ein bemerkenswert hohes Alter erreicht haben. Das Alter reicht von den 777 Jahren Lamechs bis zu den 969 Jahren Methuschelachs. Eine Ausnahme ist Henoch, den Gott bereits mit 365 Jahren »hinwegnahm«. Insgesamt werden 10 Männer in dieser Bibelstelle aufgeführt. Der Letzte, der aufgeführt wird, ist Noah.

Methuschelach ist der älteste, in der Bibel aufgeführte Mann. Nimmt man die derzeitige durchschnittliche Lebenserwartung eines heutigen Menschen von 77 Jahren bis 82 Jahren, dann könnte man folgende Behauptung aufstellen: Methuschelach war mit ca. 240 Jahren gerade aus der »Pubertät« herausgekommen. Mit ca. 480 Jahren war er im »besten Mannesalter«. Danach erreichte er mit ca. 720 Jahren das Rentenalter und genoss bis zu seinem Tode mit 969 Jahren seinen Lebensabend.

Wahrscheinlich ist, dass sich das hohe Alter nicht auf eine andere Zeitrechnung zurückführen lässt. Die Menschen rechneten damals sicherlich mit der uns geläufigen Zeitrechnung. Mose schrieb seine Bücher, nicht aus eigenem Erleben (wie auch die Verfasser der restlichen Bibel), sondern durch den Geist Gottes. So ist die Altersangabe so wörtlich zu nehmen, wie sie in der Bibel dokumentiert ist.

Es ist sicherlich schön, wenn ein Mensch, wie Oma Maria, ein Lebensalter von über 100 Jahren erreicht. Falls dieser Mensch in dem hohen Alter körperlich und geistig noch relativ fit ist. Anders sieht es jedoch aus, wenn jemand seinen Lebensabend nur noch unter Leid und

Qual verbringen muss, wie z. B. ein alter, schwerkranker Menschen, der nur noch von den Ärzten durch Maschinen am Leben erhalten wird. Wenn Ärzte unangebracht versuchen, »Gott zu spielen« und nur einen neuen Rekord im »am Leben erhalten« mit ihren Maßnahmen im Sinn haben oder eine neue lebensverlängernde Maschine ausprobieren möchten, dann stellt sich sicherlich die Frage, ob so etwas angebracht ist.

Spruch 8:
Das ist ja die reinste Sintflut

Der Gedanke, noch drei volle Tage in Athen verbringen zu müssen, baute die drei jungen Globetrotter nicht auf. Als sie im Mittelmeer von der Fähre aus bereits die Dunstglocke sahen, die ständig über Athen thronte, brachte sie dies auch nicht gerade in Hochstimmung. Sie fuhren von den Kykladeninseln, über denen der Himmel immer blau war und das Wasser kristallklar, in diese schmutzige Gegend. Sie nahmen sich also ein Zimmer in einem Hotel und versuchten diese drei Tage so gut wie möglich zu überstehen.

Am zweiten Tag fing es plötzlich an, wie aus Eimern zu gießen. Es hörte den ganzen Tag nicht auf zu regnen und es steigerte sich sogar noch. Das Hotel lag an einer abschüssigen Straße und die Wassermassen flossen wie ein Sturzbach die Straße hinunter. Es war, wie wenn ein Damm gebrochen wäre. Die Passanten retteten sich in die Hauseingänge und einige Tiere wurden von den Fluten durch die Straße gerissen.

Darauf sagte einer der Freunde zu den anderen: »Schaut euch das mal an. Das ist ja die reinste Sintflut!«

Wohl kaum eine der zahlreichen in der Bibel geschilderten Katastrophen hat die Menschheit so nachdrücklich beeindruckt, wie die Sintflut. Zum Hintergrund erfahren wir folgendes: Gott sah, dass der Mensch böse geworden war. Es reute ihn, dass er den Menschen erschaffen hatte. Deshalb beschloss er, die Menschen und auch die Tiere auszulöschen. Nur ein Mensch fand Gnade in den Augen des Herrn: Noah.

Noah lebte wie es Gott gefiel und vor allem lebte er mit Gott. Noah hatte drei Söhne: Sem, Ham und Jafet. Auf der Erde herrschten Gewalttaten und Verdorbenheit. Da sprach Gott zu Noah. Er sagte ihm, dass er die Erde verderben wolle und dass das Ende allen Fleisches gekommen sei. Noah solle sich eine Arche aus Gopherholz mit Zellen für die Tiere machen und sie von innen und von außen mit Pech verpichen.

Das hebräische Wort »Arche« bedeutet »Kiste« oder »Kasten«. Die Arche war sehr groß. Sie war nur zum Schwimmen, nicht aber zum Segeln geeignet. Die Größe der Arche betrug 300 Ellen Länge, 50 Ellen Breite und 30 Ellen Höhe. Das bedeutet, dass die Arche nach unseren Maßstäben 133 x 22 x 13 Meter groß war. Gott gab Noah ganz genaue Anweisungen, wie er die Arche bauen sollte, vom Dach hin bis zur Türe und den Stockwerken. Gott sprach, dass er eine Wasserflut über die Erde kommen lassen würde und alles Fleisch unter dem Himmel vernichten werde.

Nur mit Noah schloss er einen Bund. Er solle in die Arche gehen, ebenfalls seine Söhne, seine Frau und seine Schwiegertöchter. Von allen Tieren solle er eine bestimmte Zahl männliche und weibliche Tiere in die Arche bringen, um sie mit sich am Leben zu erhalten. Er solle genügend Verpflegung für sich und alle Tiere mitnehmen. Und Noah tat, wie Gott es ihm geboten hatte. Dann sprach Gott, dass Noah, seine Söhne, seine Frau und seine Schwiegertöchter in die Arche gehen sollen. Von dem reinen Vieh (damals gab es noch »reines« und »unreines« Vieh vor Gott) solle er je sieben und von dem unreinen Vieh je zwei und von den Vögeln des Himmels je sieben in die Arche mitnehmen, um Nachkommen am Leben zu erhalten auf der Fläche der ganzen Erde. Nach sieben Tagen würde Gott es auf der Erde vierzig Tage und vierzig Nächte lang regnen lassen, um alles Leben auszulöschen. Und Noah tat wieder, wie Gott es ihm geboten hatte.

Noah war 600 Jahre alt, als die Flut nach 7 Tagen kam. Er ging mit den von Gott bestimmten Lebewesen in die Arche. Es brachen alle Quellen der großen Tiefe der Erde auf und die Fenster des Himmels öffneten sich. Es regnete vierzig Tage und vierzig Nächte lang. Das Wasser stieg immer höher und hob die Arche empor. Sie fuhr auf der Fläche des Wassers. Es stieg so hoch an, dass alle hohen Berge bedeckt wurden. Gott löschte alles Leben auf der Fläche des Erdbodens aus, wie er es zu Noah gesagt hatte. Nur Noah und alles, was mit ihm in der Arche war, überlebte. 150 Tage lang schwoll das Wasser auf der Erde an. Dann ließ Gott einen Wind über die Erde fahren und das Wasser sank. Er schloss die Quellen der Tiefe der Erde und die Fenster des Himmels und der Regen hörte auf. Das Wasser ging nach 150 Tagen allmählich zurück. Die Arche strandete auf dem Gebirge Ararat. Einige Zeit später wurden die Gipfel der Berge wieder sichtbar. Noah ließ eine Taube aus dem Fenster der Arche fliegen, um zu sehen, ob das Wasser weniger geworden war, auf der Fläche des Erdbodens. Die Taube aber fand keinen trockenen Platz, wo sie sich niederlassen konnte und kehrte deshalb zur Arche zurück. Nach sieben Tagen ließ er die Taube noch einmal aus der Arche. Diesmal kam die Taube mit einem frischen Olivenblatt in ihrem Schnabel zurück. Das konnte nur bedeuten, dass das Wasser auf der Erde weniger geworden war. Er wartete nochmals sieben Tage und ließ die Taube wieder hinaus und sie kehrte nicht mehr zurück.

Als Noah 601 Jahre alt war, war das Wasser von der Erde weggetrocknet. Er entfernte das Dach von der Arche und sah, dass alles trocken war. Nun sprach Gott erneut zu Noah. Er sagte, dass Noah und alle Lebewesen, die mit an Bord der Arche waren, nun hinausgehen sollten. Sie sollen fruchtbar sein und sich mehren auf Erden. Noah tat wie ihm geheißen wurde. Er baute Gott aus Dank einen Altar und opferte Brandopfer. Und als Gott den wohlgefälligen Geruch vernahm, sprach er in seinem Herzen, dass er nicht noch einmal alles Lebendige von der Erde auslöschen wolle.

Gott segnete Noah und sein Söhne und sprach zu ihnen: »Seid fruchtbar und vermehrt euch und füllt die Erde. Er sprach zu Noah und seinen Söhnen, dass er einen Bund mit ihnen und ihren Nachkommen aufrichten wolle. Es solle nie mehr eine Sintflut geben, bei der alle Lebewesen ausgelöscht würden. Als Zeichen dieses Bundes setzte Gott seinen Bogen in die Wolken.

Jedes Mal, wenn nach einem Regen ein Regenbogen am Himmel erscheint, möchte Gott uns auch heute noch an diesen Bund erinnern, den er mit Noah geschlossen hatte (1. Mose, Kapitel 6 bis 9 – Vers 1 – 18).

Spruch 9:
Jemanden wie einen Aussätzigen behandeln

Ein Wehrdienstleistender leistete seinen Grundwehrdienst, so wie tausende von Kameraden irgendwo in Deutschland. Er betrachtete den Grundwehrdienst aus der sportlichen Perspektive und verdrängte die Vorstellung, nur zum Töten ausgebildet zu werden. So stand auch Sport großgeschrieben bei seiner Einheit, die Spezialeinsätze im Gelände durchführen sollte.

Die hygienischen Bedingungen waren natürlich nicht immer optimal auf den Truppenübungsplätzen. Man lief tagelang in den selben Klamotten herum, da man nur zwei Kampfgarnituren mitführte und eine saubere Garnitur aufheben musste, für den Fall, dass der Bataillonskommandeur oder sogar der General einmal zu einer Inspektion zur Kompanie kam, was mehr oder weniger regelmäßig der Fall war.

Wer schon mal einige Tage robbend im Schlamm verbracht hat, kann ermessen, wie die Wehrdienstleistenden dabei aussahen. Mit Waschen, Zähneputzen usw. ist nicht viel los, da man im Gelände selten die Gelegenheit hat, sich zu kultivieren. Es kam nicht selten vor, dass man zwei oder drei Tage Frühstück, Mittag- und Abendessen aus dem selben ungespülten Essgeschirr essen musste. Meistens schwammen dann immer die Reste der Mahlzeiten der vorherigen Tage noch darin herum.

Eines Tages stand für unseren Wehrpflichtigen die Ausbildung auf einer Waldkampfbahn auf dem Dienstplan. Dabei galt es, sich auf einer ca. 800 bis 1000 Meter langen Kampfbahn gefechtsmäßig zu behaupten und durchzukämpfen. Hinter den Bäumen tauchte dann der »Feind« in Form von Pappfiguren auf und er musste so gut es ging kämpfen. Zu diesem Zweck führte der Wehrpflichtige ein Gewehr mit sich, mit vier vollen Magazinen und noch einige Handgranaten, die er zur Aushebung eines feindlichen Nestes in einer Erdmulde benötigte. Er warf die Handgranaten in dieses »Nest« und stürmte es dann mit Dauerfeuer aus seinem Gewehr. Dazwischen musste der Wehrpflichtige kampfmäßig das Magazin des Gewehres wechseln. Die normalen Pappfiguren, die immer wieder hinter den Bäumen auftauchten, bekämpfte er mit Einzelschüssen. Es kam nun zu einer Situation, in der er in die Klemme geriet. Er lag auf der rechten Seite des Waldweges, als plötzlich etwa dreißig Meter vor ihm ein Pappkamerad hinter einem Baum auf der linken Seite auftauchte. Jetzt musste er blitzschnell eine Entscheidung treffen, da er nun genau in seiner Schusslinie war. Er entschloss sich deshalb zu einem gewagten Manöver. Innerhalb von Sekundenbruchteilen sprang er auf, feuerte eine Feuersalve auf den Pappkameraden ab. Anschließend vollführte er gleichzeitig mehrere Rollen, um auf die linke Seite des Waldweges zu gelangen und somit nicht mehr in der Schusslinie zu sein.

Bei dieser Aktion zog er sich eine Wunde am rechten Zeigefinger zu, die so stark blutete, dass er zunächst glaubte, sich selbst angeschossen zu haben. Er verspürte jedoch keinen großen Schmerz und kam zu dem Schluss, dass es sich nur um eine leichte Verwundung handeln könne. Der begleitende Unteroffizier, der als Schiedsrichter fungierte, bot ihm an, den Kampf abzubrechen. Der Wehrpflichtige gab ihm jedoch zu verstehen, dass er bis zum Ende weitermachen wolle. Bei der Auswertung der Treffer stellte sich heraus, dass er die meisten Treffer der Kompanie erzielt hatte.

Seine Wunde entpuppte sich zunächst als »harmlose« Fleischwunde. Sie verkrustete sich und er dachte nicht weiter darüber nach. Einige Zeit nach Abschluss der Übung stand ein 30-Km-Leistungsmarsch mit vollem Marschgepäck auf dem Dienstplan. Während dieses Leistungsmarsches bemerkte er durch die erhöhte Blutzirkulation, wie seine Wunde am rechten Zeigefinger zu pochen begann und aufbrach. Er dachte sich immer noch nichts dabei. Erst als die Wunde an den nächsten Tagen immer wieder aufbrach und von Eiter weiß wurde - insbesondere wenn sie mit Wasser in Berührung kam - und dann auch noch anfing zu nässen und immer größer wurde, kamen ihm langsam doch Bedenken. Plötzlich tauchten die gleichen Wunden überall dort auf, wo sie mit dem Zeigefinger in Berührung gekommen waren.

Es dauerte nicht lange und sein ganzes Gesicht und beide Hände waren mit eitrigen Beulen übersät. An seinen Fingern wurden die Wunden so tief, dass man teilweise die blanken Knochen sah. Jeden Tag, den er zum Dienst fuhr, sah er die seltsamen Blicke seiner Mitfahrer im Zug. Alle starrten ihn immer wieder an und schauten wieder weg, wenn sich sein Blick mit dem ihren traf. Es kam soweit, dass es trotz überfüllter Züge kein Mensch wagte, sich ihm mehr als drei Meter zu nähern. Er wurde wie ein »Aussätziger«

behandelt, dem man besser nicht zu nahe kam.

Nun entschloss er sich endlich zum Stabsarzt zu gehen, der ihn sofort in das Bundeswehrkrankenhaus einliefern ließ. Dort stellte sich heraus, dass die mangelnde Hygiene während der Übung zu einer hochgradig ansteckenden Hautinfektion geführt hatte, die durch die richtige Behandlung innerhalb einer Woche abheilte.

Die Bibel berichtet von der Krankheit des Aussatzes. Zur damaligen Zeit mussten relativ viele Menschen unter dieser Krankheit gelitten haben. Der genaue Umgang mit Aussatz wird nicht umsonst in drei längeren Kapiteln im Alten Testament beschrieben. In 3. Mose, Kapitel 13, wird vom »Gesetz vom Aussatz an Menschen« berichtet. 3. Mose, Kapitel 14 berichtet über »Reinigungsopfer und Gebräuche für Aussätzige« und »Reinigung von Aussatz an Häusern«. Schließlich wird in 3. Mose, Kapitel 15, noch über das Gesetz über die Unreinheit bei Männern und Frauen berichtet.

Diese drei Kapitel hier näher auszuführen und genauer zu erläutern, würde den Rahmen dieses Buches sprengen.

Es sei nur gesagt, dass es in diesen Kapiteln darum geht, zu prüfen, wann ein Aussatz vorliegt und wie er behandelt werden soll. Es wird auch über den Umgang mit Aussätzigen berichtet.

Aussatz ist ursprünglich nur ein anderes Wort für Lepra. Menschen, die dieses Krankheitsbild haben, leiden unter Verfall des ganzen Körpers. Sie haben eitrige Beulen und weisen eine weiße Verfärbung an den betroffenen Stellen des Körpers auf. Sie »verfaulen« regelrecht bei lebendigem Leib. Als Folge davon verlieren sie Gliedmaßen. Die Krankheit ist hochgradig ansteckend und galt zur damaligen Zeit als unheilbar. Später jedoch, im Neuen Testament stößt man auf einige Bibelstellen, in denen berichtet wird, dass Jesus, der Sohn Gottes, die Vollmacht hatte, Kranke und Aussätzige zu heilen.

Heute ist Aussatz bzw. Lepra nicht mehr so weit verbreitet, jedoch immer noch unheilbar. Die Erkrankung kann lediglich zum Stillstand gebracht und die Schmerzen der Betroffenen gelindert werden. Es gibt immer noch Leprakolonien. Selbst auf Mallorca existiert eine solche alte Siedlung, die nur durch ein kleines Gebirge von den Touristenhochburgen getrennt ist. In dieser Leprakolonie leben ältere Leprakranke, die von der Außenwelt abgeschnitten sind. Sie haben dort ihre eigenen Häuser und bauen dort auch Obst und Gemüse an. Sie leben dort schon seit einigen Jahrzehnten, da sie bereits als Kinder von dieser Krankheit befallen und seinerzeit von ihren Mitmenschen ausgestoßen wurden. Viele wollen auch keinen Kontakt mehr zur Außenwelt und fühlen sich dort, soweit man davon sprechen kann, wohl. Sie wollen auch dort sterben und begraben werden.

Zur Zeit der Bibel lebten viele Aussätzige ebenfalls in solchen Kolonien. Die meisten wurden von ihren Familien verstoßen oder hatten keine Familie. Die Familien kümmerten sich in der Regel auch nicht mehr um ihre Angehörigen. Die Aussätzigen lebten meistens in Höhlen in der Wüste oder im Gebirge. Dort vegetierten sie zerlumpt und total heruntergekommen dahin. Im allgemeinen erfolgte die Versorgung mit Lebensmitteln durch eine Art Kran oder Seil, mit denen ihnen Mitmenschen alle Sachen in ihre Höhlen hinabließen. Es gab jedoch auch Einzelfälle, in denen Aussätzige von Verwandten, Bekannten oder Freunden mit besonderen Lebensmitteln versorgt wurden. Diese wurden dann zu einer bestimmten Zeit an einem bestimmten Ort abgestellt und von dem Aussätzigen abgeholt. Es gab jedoch auch Aussätzige, die nicht in Kolonien lebten, sondern im Lande umherwanderten. Begegnete jemand einem Aussätzigen auf seiner Wanderschaft oder Geschäftsreise, so musste der Leprakranke aus der vorgeschriebenen Entfernung auf sich aufmerksam machen, so dass ein Gesunder ihm nicht zu nahe kam, damit er sich nicht ansteckte. Der Aussätzige musste dann durch vernehmliches Rufen der Worte »Aussatz« bzw. »unrein« und durch zusätzliches Klingeln eines kleinen Glöckchens auf sich aufmerksam machen.

Das Alte Testament berichtet über die Heilung von Aussätzigen folgendes: Aaron und dessen Schwester Mirjam lehnten sich in einer bestimmten Situation gegen Mose auf. Gott war mit Mose und sah, dass dies zu Unrecht geschah. Er strafte Mirjam und die wurde »aussätzig« wie Schnee.

Aaron klagte deshalb vor Gott und auch Mose schrie zu dem Herrn: »O Gott, heile sie doch«.

Und Gott sprach zu ihnen: »Sie soll sieben Tage außerhalb des Lagers eingeschlossen werden, dann soll sie wieder aufgenommen werden.« So wurde Mirjam sieben Tage außerhalb des Lagers eingeschlossen. Durch die Gnade Gottes wurde sie geheilt und wieder in das Lager aufgenommen (4. Mose, Kapitel 12).

Auch das Neue Testament spricht über den Aussatz:

Jesus reiste nach Jerusalem. Er musste durch Samaria und Galiläa gehen. In einem Dorf begegnete er zehn Leprakranken. Sie standen in der vorgeschriebenen Entfernung von ihm.

Sie riefen: »Jesus, Meister, erbarm´ dich unser.«

Er sah sie an und forderte sie auf: »Geht zu den Priestern und zeigt ihnen, dass ihr geheilt seid.« Auf dem Wege dort hin wurden sie gesund. Einer aber von ihnen lief zu Jesus zurück, als er sah, dass er geheilt war und verherrlichte Gott mit lauter Stimme. Er warf sich vor Jesus aufs Angesicht zu seinen Füßen nieder und dankte ihm. Und das war ein Mann aus Samarien.

Jesus fragte: »Habe ich nicht zehn Männer geheilt? Wo sind denn die anderen neuen? Weshalb kommt als einziger dieser Fremde zurück, um sich bei Gott zu bedanken?«

Zu dem Samariter aber sagte er: »Steh auf. Dein Glaube hat dich gerettet (Lukas, Kapitel 17, Vers 11 – 19).«

Spruch 10:
Eine Hiobsbotschaft erhalten

Herr Huber ist 35 Jahre alt. Seit 15 Jahren ist er glücklich verheiratet. Seine Frau hat ihm zwei wunderbare Kinder geschenkt. Einen Sohn mit nunmehr acht Jahren und eine Tochter mit sechs Jahren. Die beiden Kinder sind sein ganzer Stolz.

Herr Huber hat es auch beruflich schon zu etwas gebracht. Vor 15 Jahren hatte er sich selbständig gemacht. Nach einer erfolgreich beendeten Schreinerlehre machte er seinen Meister. Er hatte in der heutigen Zeit den Mut, eine eigene Werkstätte aufzumachen und begann mit einem Drei-Mann-Betrieb. Seine Aufträge häuften sich immer mehr und mehr, so dass er nun Chef eines mittleren Schreinerbetriebes mit 15 Angestellten ist. Das Leben meinte es gut mit ihm. Er hat weder familiäre noch finanzielle Probleme. Auch das Haus, das er sich gebaut hatte, war bereits fast schuldenfrei. Den neuen Mercedes, den er fuhr, konnte er ohne weiteres bar bezahlen, ohne dass dies ein größeres Loch in seine Finanzen riss. Sein Haus und der Schreinerbetrieb wurden gebaut. Er war rundum zufrieden mit seinem Leben. Er, seine Frau und seine beiden Kinder waren vollkommen gesund.

Eines Tages hatte Herr Huber einen Auswärtstermin, in dem es um einen großen Auftrag ging. Er fuhr also mit seinem neuen Mercedes zu diesem Termin in die 50 km entfernte Stadt. Er verabschiedete sich noch von seiner Frau und seinen beiden Kindern, und versprach ihnen, so bald wie möglich wieder nach Hause zu kommen. Es war Freitag und die Familie Huber wollte noch am Nachmittag zu einem Skiwochenende nach Österreich aufbrechen. Herr Huber kam rechtzeitig zu seinem Termin und man wurde sich schnell über den Auftrag und die Konditionen einig. Er hatte mal wieder einen großen Auftrag an Land gezogen. Zufrieden und in ausgelassener Stimmung trat er die Heimfahrt an.

Während seiner Abwesenheit kam es durch einen Kurzschluss in der elektrischen Anlage seines Hauses zu einem Brand. Der Brand entwickelte sich sehr schnell, und wurde daher von seiner Frau und den beiden Kindern zu spät bemerkt, so dass ihnen der Fluchtweg aus dem Haus abgeschnitten wurde. Dabei kamen seine Frau und die beiden Kinder ums Leben. Das Haus brannte bis auf die Grundmauern nieder. Da der Brand auf den Betrieb übergegriffen hatte und es der örtlichen Feuerwehr nicht gelang, diesen unter Kontrolle zu bekommen, brannte auch der Betrieb bis auf die Grundmauern nieder. Seine Angestellten konnten sich gerade noch retten und kamen leicht verletzt und mit einem Schock, aber mit dem Leben davon.

Das Buch Hiob ist zweifelsohne eines der interessantesten Bücher aus dem Alten Testament. Hier werden die Qualen und Leiden eines Menschen beschrieben, die fast nicht mehr übertroffen werden können. Er verliert einfach alles, was er hat.

Nur durch sein beständiges Festhalten an Gott übersteht er die Zeit, bis Gott wieder alles zum Guten wendet. Gott belohnte ihn dann sehr reichlich, denn er bekam das Doppelte dessen, was er vorher besessen hatte. Der nachfolgende, von einem der beiden Koautoren veröffentlichte, Songtext soll die Leiden und das Schicksal von Hiob verdeutlichen:

Es gab mal einen Mann,
gerecht und gut.
Sein Name war Hiob.
Der Teufel ging zu Gott
und sprach zu ihm:
»Gib mir die Macht.
Ich prüfe ihn,
dann werden wir schon seh´n,
was so geschieht,
ob er noch anhängt
seinem Gott.«
Der Schöpfer sagte dann:
»Ich lass es zu.
Allein sein Leben,
lass´ in Ruh.«

Mein Gott, was geht hier
plötzlich vor?
Gestern noch stand ich
vor dem Tor,
das sich zu öffnen schien
für Deine Herrlichkeit.
Wo bleibt sie denn,
ist sie noch weit?

Der Teufel nahm ihm weg
was er besaß.
Seinen Acker, Kind und Haus.
Doch Hiob lobte Gott
in seinem Schmerz.
Zweifelte nicht
an seinem Herrn.

Drei Freunde rieten ihm
in sich zu gehen.
Sie glaubten Sünde zu seh´n.
Und auch die eig´ne Frau
sagte mit Spott:
»Lass endlich ab
von deinem Gott.«

Mein Gott, was geht hier
plötzlich vor?
Gestern noch stand ich
vor dem Tor,
das sich zu öffnen schien
für Deine Herrlichkeit.
Wo bleibt sie denn,
ist sie noch weit?

Bald war
der Schmerz zu groß.
Es kam so weit,
dass er verfluchte den Tag,
an dem sein Auge sah
das Licht der Welt.
Er fühlte sich
von Gott geprellt.
Bekleidet war sein Fleisch
mit einem Schorf
und Eiter floss
aus seiner Haut.
Mit Scherben kratzte er
den wunden Leib.
Er kam auf keinen
grünen Zweig.

Hiob, egal was auch passiert,
egal wie viel Du noch
verlierst, wirf nicht den Glauben weg,
wenn Gott zu schweigen scheint.
Der Körper schmerzt.
Die Seele weint.

Als Gott die Tränen sah
und auch den Mann,
wie er von allem Abstand
nahm, sprach er mit großer
Macht: »Hiob mein Sohn,
es ist genug, Du hast
viel Lohn.«

Bist du ein Hiob
unserer Zeit, geht Dir
manch´ Schicksalsschlag
zu weit?
Gott lässt es zu, auch wenn
die Glut Dich fast erstickt,
ist für Dich Rettung
schon in Sicht.

Spruch 11:
Das sind die reinsten Pharisäer

»Ein Mensch betrachtete einst näher
die Fabel von dem Pharisäer,
der Gott gedankt, voll Heuchelei,
dafür, dass er kein Zöllner sei.
Gottlob, rief er in eitlem Sinn,
dass ich kein Pharisäer bin.«

Dieses kurze Gedicht von Eugen Roth zeigt wohl deutlicher, als es eine lange Geschichte vermag, dass man nicht nur im engeren Bereich der Bibelexegese auf Pharisäer trifft. Heuchelei und Engstirnigkeit und Rechthaberei gibt es allerorten, so dass der Name Pharisäer in unserem Sprachgebrauch zum Schimpfwort geworden ist.

Heuchler gibt es überall und zu allen Zeiten. Was macht sie nur so besonders verurteilenswert, wenn sie gerade in die Masche des Frommen schlüpfen? Es ist nicht zu leugnen, dass die Religion hierzu besonders geeignete Bühnen bietet.

Auch wenn wir meinen, die richtige Lehre zu haben, befindet man sich manchmal in einem abgeschotteten theologischen System, das uns blind macht für die Wahrheit.

Viele Christen wollen gar nichts mit anderen Meinungen und Überzeugungen zu tun haben oder sich nicht einmal damit auseinandersetzen, weil sie Angst haben, dass sie dadurch in ihrer theologischen Sicherheit erschüttert werden könnten. Anderen blind zu vertrauen und sie für uns denken zu lassen oder etwas zu übernehmen, ohne zuvor darüber nachzudenken, ist sicher gefährlich und unklug. Aber Erkenntnisse von begabten Lehrern zu übergehen, ist töricht und überheblich. Wir müssen uns selbst mit der Bibel auseinandersetzen.

Die Pharisäer machen uns klar, dass das Bibelstudium auch eine sehr gefährliche Beschäftigung sein kann. Sie kannten das Wort Gottes, aber nicht den Gott des Wortes. Stets legten sie das Wort Gottes strikt so aus, dass unterschwellige Unterscheidungen, Nuancen und eine von Gott beabsichtigte Ausgewogenheit nicht wahrgenommen wurden. So bekamen Geringfügigkeiten ein unverhältnismäßig starkes Gewicht und aus Nebensächlichkeiten wurden Hauptanliegen.

Der Inhalt der Botschaft Jesu war die Aufforderung zur Hingabe. Den Pharisäern mit ihrer selbst gewählten Gerechtigkeit war dieser Aufruf unbegreiflich. Sie lehnten Jesus ab, weil er die Sandburgen ihres Glaubens einriss und ihre falsche Sicherheit untergrub. Aber diejenigen, die allein nicht fertig wurden, die sammelten sich um ihn, weil sie in seiner Gegenwart neue Menschen wurden.

Sehen wir uns drei Berichte aus dem Neuen Testament an, die uns ein Bild über die Pharisäer geben und wie Jesus über sie sprach:

1. Bericht: Matthäus, Kapitel 23, Vers 1 – 36 (Warnung vor den Schriftgelehrten und Pharisäern):

Dann redete Jesus zu den Volksmengen und zu seinen Jüngern und sprach: »Auf Moses Lehrstuhl haben sich die Schriftgelehrten und die Pharisäer gesetzt. Alles nun, was sie euch sagen, tut und haltet; aber handelt nicht nach ihren Werken, Denn sie sagen es und tun es nicht. Sie binden aber schwere und schwer zu tragende Lasten zusammen und legen sie auf die Schultern der Menschen, sie selbst aber wollen sie nicht mit ihrem Finger bewegen. Alle ihre Werke aber tun sie, um sich vor den Menschen sehen zu lassen; denn sie machen ihre Gebetsriemen breit und die Quasten groß. Sie lieben aber den ersten Platz bei den Gastmahlen und die ersten Sitze in den Synagogen und die Begrüßung auf den Märkten und von den Menschen Rabbi genannt zu werden. Ihr aber, lasst ihr euch nicht Rabbi nennen: Denn einer ist euer Lehrer, ihr alle aber seid Brüder. Ihr sollt auch nicht (jemanden) auf der Erde euren Vater nennen, denn einer ist euer Vater, (nämlich) den im Himmel. Lasst euch auch nicht Meister nennen; denn einer ist euer Meister, der Christus. Der Größte aber unter euch soll euer Diener sein. Wer sich aber selbst erhöht, wird erniedrigt werden; und wer sich selbst erniedrigen wird, wird erhöht werden ... Wehe aber euch, Schriftgelehrte und Pharisäer, Heuchler! Denn ihr verschließt das Reich der Himmel vor den Menschen; denn ihr geht nicht hinein und die, die hineingehen wollen, lasst ihr (auch) nicht hineingehen.

Wehe euch, Schriftgelehrte und Pharisäer, Heuchler. Denn ihr durchzieht das Meer und das trockene (Land), um einen Proselyten (Neubekehrter, im Altertum besonders zum Judentum bekehrter Ungläubiger) zu machen; und wenn er es geworden ist, so macht ihr ihn zu einem Sohn der Hölle, doppelt so schlimm wie ihr. Wehe euch, ihr blinden Führer! Die ihr sagt: Wenn jemand bei dem Tempel schwören wird, ist das nichts; wenn aber jemand bei dem Gold des Tempels schwören wird, ist er gebunden, Narren und Blinde. Was ist denn größer, das Gold oder der Tempel, der das Gold heiligt? Und: Wenn jemand bei dem Altar schwören wird, ist das nichts; wenn aber jemand bei der Gabe schwören wird, die auf ihm ist, so ist er gebunden. Blinde! Was ist denn größer, die Gabe oder der Altar, der die Gabe heiligt? Wer nun bei dem Altar schwört, schwört bei ihm und bei allem, was auf ihm ist. Und wer bei dem Tempel schwört, schwört bei ihm und bei dem, der ihn bewohnt. Und wer bei dem Himmel schwört, schwört bei dem Thron Gottes und bei dem, der darauf sitzt. Wehe euch, Schriftgelehrte und Pharisäer, Heuchler! Denn ihr verzehntet die Minze und den Anis und den Kümmel und habt die wichtigeren Dinge des Gesetzes beiseite gelassen: das Recht und die Barmherzigkeit und den Glauben; dies hättet ihr tun und jenes nicht lassen sollen. Ihr blinden Führer, die ihr die Mücken seiht, das Kamel aber verschluckt. Wehe euch, Schriftgelehrte und Pharisäer, Heuchler! Denn ihr reinigt das Äußere des Bechers und der Schlüssel, inwendig aber sind sie voller Raub und Unenthaltsamkeit. Blinder Pharisäer! Reinige zuerst das Inwendige des Bechers, damit auch sein Auswendiges rein werde. Wehe euch, Schriftgelehrte und Pharisäer, Heuchler! Denn ihr gleicht übertünchten Gräbern, die von außen zwar schön scheinen, inwendig aber voll von Totengebeinen und aller Unreinigkeit sind. So scheint auch ihr von außen zwar gerecht vor den Menschen, von innen aber seid ihr voller Heuchelei und Gesetzlosigkeit. Wehe euch, Schriftgelehrte und Pharisäer, Heuchler! Denn ihr baut die Gräber der Propheten und schmückt die Grabmäler der Gerechten und sagt: Wären wir in den Tagen unserer Väter gewesen, so würden wir uns nicht an dem Blut der Propheten schuldig gemacht haben. So gebt ihr euch selbst Zeugnis, dass ihr Söhne derer seid, welche die Propheten ermordet haben. Und ihr, macht (nur) das Maß eurer Väter voll! Schlangen! Otternbrut! Wie solltet ihr dem Gericht der Hölle entfliehen? Deswegen siehe, ich sende zu euch Propheten und Weise und Schriftgelehrte; einige von ihnen werdet ihr töten und kreuzigen und einige von ihnen werdet ihr in euren Synagogen geißeln und werdet sie verfolgen von Stadt zu Stadt, damit über euch komme alles gerechte Blut, das auf der Erde vergossen wurde, von dem Blut Abels, des Gerechten, bis zu dem Blut Secharjas, des Sohnes Berechjas, den ihr zwischen dem Tempel und dem Altar ermordet habt. Wahrlich, ich sage euch, dies alles wird über dieses Geschlecht kommen.«

2. Bericht: Markus, Kapitel 8, Vers 10 –21 (Zeichenforderung – Warnung vor dem Sauerteig der Pharisäer und des Herodes):

»Und er stieg sogleich mit seinen Jüngern in das Boot und kam in die Gegend von Dalmanuta. Und die Pharisäer kamen heraus und fingen an, mit ihm zu streiten, indem sie von ihm Zeichen vom Himmel begehrten, um ihn zu versuchen.

Und er seufzte auf in seinem Geist und sprach: ›Was begehrt dieses Geschlecht ein Zeichen?‹ Wahrlich, ich sage euch: Nimmermehr wird diesem Geschlecht ein Zeichen gegeben werden! Und er ließ sie (stehen), stieg wieder ein und fuhr an das jenseitige Ufer. Und sie vergaßen Brote mitzunehmen und außer einem Brot hatten sie nichts bei sich auf dem Boot. Und er gebot ihnen und sprach: ›Seht zu, hütet euch vor dem Sauerteig der Pharisäer und dem Sauerteig des Herodes.‹

Und sie überlegten miteinander, (das sagt er) weil wir keine Brote haben. Und er erkannte es und sprach zu ihnen: ›Was überlegt ihr, weil ihr keine Brote habt? Begreift ihr noch nicht und versteht ihr nicht? Habt ihr eure Herzen verhärtet? Augen habt ihr und seht nicht? Und Ohren habt ihr und hört nicht? Und erinnert ihr euch nicht, als ich die fünf Brote unter die Fünftausend brach, wie viele Handkörbe voll Brocken ihr aufgehoben habt?‹ Sie sagen zu ihm: ›Zwölf.‹ Als (ich) die sieben unter die Viertausend (brach), wie viel Körbe voll Brocken habt ihr aufgehoben? Und sie sagten: ›Sieben.‹ Und er sprach zu ihnen: ›Versteht ihr noch nicht?‹«

3. Bericht: Lukas, Kapitel 18, Vers 9 – 18 (Gleichnis vom Pharisäer und Zöllner):

»Er sprach aber auch zu einigen, die auf sich selbst vertrauten, dass sie gerecht seien und die übrigen verachteten, dieses Gleichnis: ›Zwei Menschen gingen hinauf in den Tempel, um zu beten, der eine ein Pharisäer und der andere ein Zöllner.‹

Der Pharisäer stand und betete bei sich selbst so: ›Gott, ich danke Dir, dass ich nicht bin wie die übrigen der Menschen: Räuber, Ungerechte, Ehebrecher oder auch wie dieser Zöllner. Ich faste zweimal in der Woche, ich verzehnte alles, was ich erwerbe.‹ Der Zöllner stand weitab und wollte sogar die Augen nicht aufheben zum Himmel, sondern schlug an seine Brust und sprach: ›Gott, sei mir, dem Sünder, gnädig. Ich sage euch: Dieser ging gerechtfertigt hinab in sein Haus im Gegensatz zu jenem; denn jeder, der sich selbst erhöht, wird erniedrigt werden; wer aber sich selbst erniedrigt, wird erhöht werden.‹«

Leider gibt es auch heute noch »Pharisäer«, selbst unter Christen. Wenn ein solcher außerhalb des Blickfeldes seiner Brüder und Schwestern gerät, ist er kein braver Christ, da schlägt er seine Frau und begeht sogar Ehebruch. Mancher Vater schlägt auch tagtäglich seine Kinder, weil er vielleicht nicht mit seinem Alkoholproblem fertig wird. Am Sonntag aber geht er wieder in die Kirche und die Welt, nach außen hin, ist wieder in Ordnung. Es gibt überall Gemeindemitglieder, die schon des öfteren Ehebruch begangen hatten, ihre Frauen und Kinder schlagen und Alkohol- und Drogenprobleme haben. Auch Kindesmissbrauch kommt bei Christen vor.

Spruch 12:
Blut und Wasser schwitzen

Einige Erkrankungen machen wiederholt unangenehme, mitunter auch schmerzhafte Eingriffe erforderlich. So berichtet ein junger Mann davon, dass er sich bereits das dritte Mal einer Lumbalpunktion unterziehen musste. Die beiden Male vorher hatte er immer eine Zeitlang unter den schmerzvollen Nachwirkungen dieser Untersuchung gelitten. Bei der Lumbalpunktion wird dem Duralsack im Rücken Gehirnflüssigkeit (Liquor) mit einer Spritze entnommen. Dies dient dazu, eine Gehirnhautentzündung oder einen Virus auszuschließen. An dem Tag der dritten Untersuchung kam der Arzt mit einer Assistenzärztin zu dem jungen Mann und fragte ihn, ob er etwas dagegen hätte, wenn die Assistenzärztin die Lumbalpunktion durchführen würde. Es wäre ihre erste derartige Behandlung. Der junge Mann willigte ein, in seinem Zustand war ihm ohnehin ziemlich alles egal.

Aufgerichtet saß er in seinem Bett, die Beine gerade nach vorn über den Bettrand hinaus, einen Katzenbuckel machend, den Arzt und die Assistenzärztin im Rücken, so dass man nicht einmal ihre Gesichter sehen konnte. Nun glitt sie unter Anweisung des Arztes mit den Fingern über die Wirbel und blieb an der Stelle hängen, an der sie die Gehirnflüssigkeit vermutete. Der junge Mann ahnte bereits, was ihm bevorstand und da spürte er schon die lange Nadel, die sich in den Duralsack bohrte, spürte den unerträglichen Schmerz des Brennens und des Ziehens. Dann floss der Liquor, die Flüssigkeit, die untersucht werden sollte, nicht ab und deshalb wurde die Nadel wieder herausgezogen. Er spürte die Nervosität. Nun bohrte sich die Nadel an einer anderen Stelle erneut in das Gewebe. Wieder nichts! Er zählte schon gar nicht mehr mit, wie oft sich die Prozedur wiederholte und konnte nur vermuten, dass sein Rücken bereits wie ein durchlöcherter Schweizer Käse aussehen müsse.

Die Ärztin traf einfach nicht die richtige Stelle und stocherte ca. 20 Minuten auf den Nerven der Wirbelsäule herum. Mittlerweile spürte er die rechte Seite seines Körpers nicht mehr. Sie fühlte sich an, wie gelähmt. Endlich hatte sie die richtige Stelle getroffen und so floss der Liquor.

Der Mann berichtete anschließend: »Ich habe während der Untersuchung Blut und Wasser geschwitzt!«

Jesus wusste, dass der Vater von ihm Gehorsam verlangte. dass er an das Kreuz gehen sollte, um alle Sünden der Menschheit auf sich zu nehmen und am Kreuz dafür als »Opferlamm« zu sterben. Dadurch würde er die Kluft, die zwischen den Menschen und Gott bestand, überbrücken.

Jesus sprach von sich: »Ich bin der Weg und die Wahrheit und das Leben. Niemand kommt zum Vater, als nur durch mich!« (Johannes, Kapitel 14, Vers 6).

Selbst wenn es nur einen einzigen Menschen auf der Welt gäbe, wäre Jesus für diesen ans Kreuz gegangen, damit dieser Mensch erlöst werde. Denn so hat Gott die Welt geliebt, dass er seinen eingeborenen Sohn gab, damit jeder, der an ihn glaubt, nicht verloren geht, sondern ewiges Leben hat (Johannes, Kapitel 3, Vers 15/16)

Jesus und seine Jünger gingen zum Ölberg, in den Garten Gethsemane. Er sagte zu den Jüngern: »Setzt euch hin, betet und wartet auf mich!«

Jesus zog sich ungefähr einen Steinwurf weit von ihnen zurück, kniete nieder, um zu beten und sprach: »Mein Vater, wenn du es willst, nimm diesen Kelch (das Leid) von mir weg, nicht mein Wille, sondern der Deine geschehe!« Da erschien ein Engel vom Himmel und gab ihm neue Kraft. Jesus litt aber solche Todesängste und betete so eindringlich, dass sein Schweiß wie große Blutstropfen auf die Erde herunterfiel. Er stand auf vom Gebet und ging zurück zu den Jüngern. Diese fand er schlafend vor. (Lukas, Kapitel 22, Vers 39 – 46)

Jesus stand unter einem enormen psychischen Druck, so dass er »Blut und Wasser schwitzte.«

Kapitel 2
Christliche Gedichte

Gedicht 1:
Mein bester Freund

Du bist mein letzter Gedanke,
wenn ich am Abend schlafen geh´.
Du bist mein erster Gedanke,
wenn ich am Morgen aufsteh´.

Du hilfst mir durch Schmerz und Leid
bist immer für mich da.
Ich liebe Dich von ganzem Herzen,
denn Du bist mir ganz nah.

Deine Tür steht immer offen,
in Deinem Haus ist Platz für mich.
Deshalb darf ich wieder hoffen,
denn Du lässt mich nicht im Stich.

Du stellst mir keine Fragen,
hältst mich nur in Deinem Arm.
Tust mich jeden Tag durchtragen
und ich hör´ Dich zu mir sagen:
Ich habe Dich zuerst geliebt
und bin Dir nachgegangen.
Du bist mir wertvoll wie ein Sohn
und wirst erhalten Deinen Lohn.

Mein Herr und Heiland Jesus Christ,
dass Du für mich gestorben bist,
kann ich manchmal nicht recht begreifen,

Man schlug Dir Striemen und auch Streifen,
auf Deinen Körper und voll Schmerz,
nahmst Du das Kreuz, das man Dir auflud,
hinauf nach Golgatha – und Dich dran schlug
und hast vergossen Dein kostbar Blut.
Du nahmst die Sünden dieser Welt mit an das
Kreuz

Ich kann nicht anders, muss bekennen,
Dich meinen besten Freund zu nennen.

Gedicht 2:
Die Speisung der 5000

Habt ihr´s gehört?
Habt ihr´s geseh´n?
Den Sohn Gottes dort
am Berg droben steh´n.

Er sprach von Liebe
als neues Gebot!
Sind die Gesetze
denn dadurch nun tot?

Langsam wird´s dunkel,
wir haben kein Brot.
Doch wo er ist,
da gibt´s keine Not!

Ein kleiner Junge hat Gerstenbrot
und zwei Fische für des Hungers Not.
Aber was ist dies
für fünftausend Mann?
Ob man sie davon wohl speisen kann?

Der Sohn Gottes nahm die Brote mit Dank
und teilte sie aus,
auch die Fische mit Dank.
Als alle bekamen vom Brot und dem Fisch
und alle gesättigt waren von Gottes Tisch,
da sprach, Jesus: »Sammelt den Rest wieder
ein!«
Doch dieser war mehr als er hatte verteilt!
Da erkannten die Menschen
dass Jesus Christ,
der wahre und einzige

Sohn Gottes ist!

Auch heute noch
danken wir jeden Tag,
für das tägliche Brot
dass der Herr uns gab.

Wir können nun stets
überzeugt und sicher sein,
der Herr versorgt uns,
lässt uns niemals allein.

Gedicht 3:
Der Mensch, der Affe, die Evolution

Als Gott den Menschen hat geschaffen,
da gab es ganz gewiss auch Affen.
Die Affen tollten durch den Wald,
den Mensch - den ließ das völlig kalt.

Der Affe lernte aufrecht geh´n,
sogar auf beiden Füßen steh´n!
Der Mensch dagegen sah nicht ein,
so komisch wie ein Aff´ zu sein!

Von Evolution noch nichts gehört,
war er auch weiter nicht empört
und nahm die Sache sehr gelassen,
er stammte ja nicht ab vom Affen.

Doch wenn man manchen Menschen sieht,
der über uns´re Welt hier zieht,
dann kommt man manchmal schon
ins Schwanken
und macht sich dann so seine Gedanken!

Wenn Affen durch die Wälder tollen,
ob sie nicht vom Menschen abstammen sollen?
Der Mensch führt sich manchmal so auf,
und ist so wie ein Affe drauf!

D´rum kann zum Abschluss man nur schließen,
dass Affen nach dem Menschen sprießen!

Gedicht 4:
Die Schöpfung

Herr, wenn ich die Schöpfung
sehe, wie sie ist,
dann kann ich nur staunen
und glauben dass Du es bist,
der die Welt erschaffen
mit der eig´nen Kraft
und es kein Urknall war,
der dies geschafft.

Die Erde ist der Schemel
auf dem Dein Fuße ruht,
das ganze Universum
von Dir nur zeugen tut.

Du Schöpfer aller Dinge
der die Welt gemacht
Du bist immer bei uns,
bewahrst uns Tag und Nacht.

Wenn die Sterne leuchten,
fühl´ ich Dich ganz nah,
und ich kann gewiss sein,
Du bist immer da!

Gedicht 5:
Der Vater ist unser Versorger

Herr hab´ Dank
für´s täglich Brot,
und das wir auch in Leid und Not,
immer sicher sein werden,
dass Du uns versorgst auf Erden.

Jeden Tag, den Du uns schenkst,
und uns auf dem Wege lenkst,
dürfen wir stets sicher sein,
Du lässt uns niemals allein!

Unser Dach über dem Kopf
und am Hemd ein jeder Knopf,
zeugt von Deiner Güte, Herr,
Du versorgst uns mehr und mehr.

Lass uns teilen
von dem Vielen,
das Du uns bereits geschenkt
und Herr Jesus mach es bitte,
dass man an die Armen denkt!

Die kein Essen,
keine Kleidung,
ohne Dach über dem Kopf,
jeden Tag erleben dürfen,
denn Du versorgst sie doch!

Gedicht 6:
Eine Liebeserklärung

Wie eine Quelle in der Wüste,
wie ein Notpflaster auf´s Herz,
wie der Weg zu einem Ziel,
ohne Leid und ohne Schmerz!

Wie das Lächeln eines Kindes,
wie ein Licht in dunkler Nacht,
wie ein Felsen in der Brandung,
den Du selber hast gemacht!

Wie die Liebe die nie endet,
wie der Tau auf grünem Gras,
wie das Brot für einen Bettler,
ohne Ziel und ohne Maß!

So bist Du, Du großer Schöpfer,
Du, der Herr der Herrlichkeit,
Du bist wie die Luft zum Atmen,
ohne Dich kommt keiner weit!

Ohne Dich können wir gar nichts,
dürfen immer wieder seh´n.
wie die Gnade und die Güte,
von Dir zu uns übergeh´n!

Du bist unser Schutz und Schild,
kein Angriff kann uns besiegen,
deshalb ist es bei Dir schön,
und wir können Dich nur lieben!

Gedicht 7:
Freud und Leid

Da sitzt ein Mensch allein und weint.
Das Leben sinnlos ihm erscheint!
Doch Gottes Liebe ist so groß
und schenkt ihm wieder neuen Trost.

Aus eig´ner Kraft kann er nichts tun,
nur sich in Gottes Arm ausruh´n.
Ein Plan von Gott, für ihn gemacht,
hat ihm die Freude neu gebracht.
Die Tränen die aus Leid geweint,
sind nun als Freudentränen gemeint.

Gedicht 8:
Ein Menschenleben

Der Mensch wird nackt als Kind geboren,
mit großen oder kleinen Ohren.
Und im Verlaufe seines Lebens,
sucht er den Weg oft nur vergebens.

Der Weg, der ihm die Freude bringt,
die Freude wie dem kleinen Kind!
Er lebt dahin, vielleicht mit Gott,
sein Leben endet mit dem Tod!

Doch auch am Ende seines Lebens,
stirbt er manchmal vergebens.
So nackt wie einst als Kind geboren,
geht er - wir hoffen´s - nicht verloren!

Ob er im Leben hat erfasst,
dass Jesus trug auch seine Last?
Man kann nur hoffen, dass er´s wusste,
dass Jesus für ihn sterben musste!

Denn wenn er dies nicht hat begriffen,
dann war sein Leben unbestritten,
ein Leben, das er sinnlos lebte,
dass sich niemals zu Gott erhebte!

Dann kann er nicht vor ihm bestehen,
und muss in Dunkelheit vergehen!

Gedicht 9:
Danke Herr

Danke Herr, dass ich Dich kenne,
Danke Herr, dass Du mich liebst.
Danke Herr, dass finst´re Mächte,
Du schon lange hast besiegt.

Danke Herr, für Deine Güte,
Danke Herr, auch für die Gnad´.
Danke Herr, dass Du behütest,
ganz egal, was kommen mag.

Danke Herr, Du bist gestorben,
Danke Herr, für uns´re Sünd´.
Danke Herr, dass wir durch Dich
auf dem rechten Wege sind.

Danke Herr, für Deine Worte,
Danke Herr, für´s täglich Brot.
Danke Herr, für die Gemeinschaft
und für Rettung in der Not.

Danke Herr, Du großer Gott,
Danke Herr, für Dein Gebot.
Danke Herr, dass Du uns lehrst,
wie Nächstenliebe man erfährt.

Gedicht 10:
Es ist vollbracht

Es ist vollbracht,
hast Du gesagt,
und nahmst den Tod dahin.

Dein Blut, das hat uns freigemacht,
von aller uns´rer Sünd.
Den Tod, den hast Du überwunden,
standst auf am dritten Tag,
und ließt es einfach hinter Dir,
das kühle Felsengrab.

Nur dadurch wurden wir gerecht,
empfingen Deine Gnade,
die Du über uns ausgießt
mit jedem neuen Tage.

Gedicht 11:
Vor Gott sind alle Menschen gleich

Wir leben unter der gleichen Sonne,
und doch sind wir nicht gleich.
Der eine schwarz, der and´re weiß,
der eine arm, der andre reich.
Den einen trifft das Schicksal schwer,
der and´re, der hat´s leicht.
Doch irgendwann da kommt der Tag,
da sind wir alle gleich.

Wenn wir vor uns´rem Schöpfer stehen,
dann nützt uns auch kein Geld der Welt-
Denn er wird richten wohin wir gehen,
in Ewigkeit wo wir besteh´n.
Dies mag der Himmel,
vielleicht die Hölle sein,
doch wo wir hinkommen,
bestimmen wir allein.

Wenn jemand Jesus Christus hat,
den Sohn des höchsten Gottes,
dann kann er ziemlich sicher sein,
das Himmelreich, es ist schon sein.

Gedicht 12:
Ich weiß, dass Jesus immer bei mir ist

Du starbst für uns auf Golgatha,
durch Dein Blut wurde es wahr!
Sünde wuscht Du von uns fort,
Du bist unser Herr und Gott!

Wenn manchmal auch Gefahr uns droht
und wir sitzen in dem Boot,
das durch Sturm und Wogen fährt,
Deine Hand dem Sturm gewährt!

Ich weiß, dass Jesus immer bei mir ist,
ich weiß, er ist stets bei mir!
Ich weiß, dass Jesus immer bei mir ist
ich weiß, er ist stets bei mir!

In der Dunkelheit brennt Licht,
manchmal sehen wir es nicht!
Doch irgendwann kommt dann die Zeit,
wo dieses Licht im Herzen scheint!

Mein Leben gab ich Dir allein
und nur Du sollst mein Herr sein,
was ich habe geb´ ich Dir,
Liebe schenkst Du mir dafür!

Ich weiß, dass Jesus immer bei mir ist,
ich weiß, er ist stets bei mir!
Ich weiß, dass Jesus immer bei mir ist,
ich weiß, er ist stets bei mir!

Doch der Feind der schläft auch nicht ,
und er zeigt uns oft sein Gesicht!

Jesus, Du bist stärker,
Du bist Sieger,
Du kommst bald zurück,
zurück zu uns!

Ich weiß, dass Jesus immer bei mir ist,
ich weiß, er ist stets bei mir!

Ich weiß, dass Jesus immer bei mir ist,
ich weiß, er ist stets bei mir,
und er ist stets bei Dir!

Kapitel 3
Christliche Gebete
für verschiedene Anlässe

Gebet 1:
Allgemeines Gebet

Lieber Vater im Himmel,
alle Menschen sind Sünder
vor Deinem Angesicht.
Wenn wir nicht bereuen und Christus,
seine Liebe und seine Vergebung erkennen,
werden wir nie des Glückes teilhaftig werden,
innerlich ganz rein und vollkommen sein.
Herr Jesus, gib uns bitte den Frieden
und die Zufriedenheit, die man
durch das Wissen und die Überzeugung erlangt,
dass Du für uns gelebt hast
und für uns gestorben bist
und dass Du täglich und stündlich
bei uns weilst,
bei Tag und bei Nacht, am Abend
und am Morgen,
um uns zu bewahren und zu stärken
für die Aufgaben und Sorgen der Welt,
die jederzeit vor uns liegen
und die Schlingen und Fallen,
die uns alle bedrohen!
Aber wie sehr beruhigt uns die Erkenntnis,
dass Du bei uns bist,
um uns zu raten und zu helfen, uns zu stützen,
unsere Wunden zu verbinden und sie zu heilen!

Welcher Friede und Trost,
welche Freude und Beruhigung liegt darin!

Amen

Gebet 2:
Gebet in Not

Verlasse mich nicht, Herr!
O mein Gott.
In Jesu Namen,
weiche nicht von mir!
Eile herbei, mir beizustehen!
O Herr, mein Befreier!
Du bist meine Sonne
und mein Schild.
Sei mir barmherzig,
erbarme dich meiner!
Meine Stunde ist gekommen,
ich bin verlassen von aller
menschlichen Hilfe, o mein Gott!
Aber nicht mein, sondern
Dein heiliger Wille geschehe
0 Gott, aus dessen Händen wir Gnade
um Gnade empfangen dürfen,
der du uns von allen Übeln befreist,
stärke mich, dass ich diese schwere Not
mit Festigkeit ertrage.
Höre mein Flehen,
lass mein Gebet zu deinen Ohren dringen!

Amen

Gebet 3:
Krankengebet

Herr Jesus Christus,
ich lobe und preise
und erhebe Dich,
bis in alle Ewigkeit!

Ich danke Dir dafür,
dass Du mich durch diesen Tag getragen hast!
Ich danke Dir dafür,
dass Du mich heilst!

Denn Du hast meine Krankheit
bereits ans Kreuz von Golgatha getragen!
Dafür danke ich Dir tausend Mal, Herr!

Amen

Gebet 4:
Gebet Angehöriger um Bekehrung

Vater, wir bitten Dich in Jesu Namen
für unsere Angehörigen,
bewahre und behüte sie.

Hilf' ihnen in ihren Sorgen,
Nöten, Ängsten und Problemen.
Beschütze und behüte sie vor allen Gefahren
und segne sie!

Aber vor allem lasse sie erkennen,
dass Du, Herr Jesus Christus,
der Weg, die Wahrheit und das Leben bist,
dass niemand zum Vater kommt,
als nur durch Dich!

Du bist die Brücke, Herr!
Schenke ihnen eine Begegnung mit Dir,
so dass sie nur noch auf die Knie gehen können,
um Dich zu loben und zu preisen,
dass sie Dich als ihren Herrn,
Heiland und Erlöser annehmen,
dass sie erkennen, dass Du Gott bist
und sie Dich in ihrem Leben brauchen,
da ein Leben ohne Dich keinen Sinn hat.

Bitte erhöre dieses Gebet,
damit diese Menschen nicht verloren gehen!

Amen

Gebet 5:
Dankgebet

Danke Herr, dass ich erfahren durfte,
dass immer dann,
wenn ich mich ausweglos
im tiefsten Elend befand
und am traurigsten war,
der Heilige Geist
vom Öl seines Trostes
in mein Herz goss.

Dann habe ich etwas
von der Seligkeit verspürt,
die dass Bewusstsein gewährt,
in Gottes Gnade und Erbarmen
eingehüllt zu sein!

Danke, Herr Jesus Christus!

Amen

Gebet 6:
Übergabegebet

Vater, ich weiß, dass ich ein Sünder bin
und vor Dir gesündigt habe.

Ich glaube von ganzem Herzen,
dass der Herr Jesus Christus
für mich am Kreuz von Golgatha gestorben ist
und dass sein Blut mich rein wäscht
von allen meinen Sünden.

Herr Jesus Christus,
im Glauben öffne ich Dir mein Herz
und nehme Dich als meinen persönlichen Herrn,
Heiland und Erlöser in mein Leben auf.
Ich danke Dir für Deine große Liebe und
für das ewige Leben
und bitte Dich um die Vergebung all meiner
Sünden!

Herr, führe mich auf rechten Weg um Deines
Namens willen,
und verherrliche Du Dich in meinem Leben.
Lass die Menschen sehen und erkennen,
dass Du mein Herr bist,
und dass sie Dich auch brauchen,
damit wir mehr und mehr Dir ähnlicher werden!

Danke, Herr!
In Jesu Namen!

Amen

Gebet 7:
Dank- und Bewahrungsgebet
für unsere Kinder

Herr Jesus Christus,
wir danken Dir für unsere Kinder.
Sie sind Deine und unsere Zukunft.

Herr, wie schnell sind wir dabei
unsere Kinder zu tadeln,
wo es doch besser wäre,
sie für die Dinge, die sie gut tun, zu loben!

Wir bitten Dich, dass Du uns zeigst,
wo Lob oder Tadel angebracht ist.

Schenke uns Weisheit
in der Erziehung unserer Kinder.
Sei Du auch in der Schule bei ihnen
und helfe Du ihnen beim lernen.

Wir bitten Dich aber auch
um Bewahrung für unsere Kinder.
Ob dies nun im Straßenverkehr,
beim Spielen oder sonstwo ist.

Herr, Du siehst,
dass wir in unserer heutigen Zeit
von der Technik nur so überrollt werden.
Die Kinder machen Computerspiele,
sitzen vor dem Fernseher
und sind von sonstiger Technik umgeben.

Herr, wir bitten Dich,
dass Du sie bei dem Spielen

der Computerspiele bewahrst
und auch bei den Sachen,
die sie im Fernsehen betrachten.
Dass keine okkulten Dinge
ihnen etwas anhaben können,
die durch Computerspiele
oder Fernsehen auf sie einwirken.

Herr Jesus Christus,
gib uns die nötige Weisheit
für die Erziehung unserer Kinder.
Bewahre Du sie bei allem was sie tun
und stelle täglich Deine Engel neu um sie.

Wir danken Dir Herr,
dass Du unsere Gebete erhörst!

Amen

Gebet 8:
Versorgung

Herr Jesus Christus,
ich möchte Dir für Deine große Liebe danken
und für Deine tägliche Versorgung!

Ich lobe, preise und erhebe Dich.
Ich möchte Dir dafür danken,
dass ich ein Dach über dem Kopf habe, Kleidung
und Du mich täglich mit Essen versorgst.
Erst wenn eine dieser drei Dinge fehlt,
dann kann man von Armut sprechen.

Herr ich bitte Dich, dass Du den Menschen,
die Armut erleiden müssen, begegnest,
dass sie erkennen, dass sie Dich brauchen.

Mache mir und jedem einzelnen Menschen klar,
dass wir uns den armen Menschen
im Fürbittegebet annehmen
und ihre Sorgen und Nöte
vor Deinen Thron bringen
Ich danke Dir dafür, dass Du uns auch täglich
mit geistlicher Nahrung versorgst,
mit Deinem Wort,
mit dem Gespräch im Gebet mit Dir
und in der Gemeinschaft der Gläubigen.

Herr, hilf uns, anderen Dein Wort zu verkünden,
damit sie nicht sagen können,
wir haben nichts von Jesus gewusst!
Ziehe immer mehr Menschen zu Dir.
Hilf Du uns, damit wir Menschen in geistlicher
und materieller Armut helfen können.

Danke Herr, dass wir sicher seien können,
dass jedes Gebet bei Dir ankommt
und das Du unser Versorger bist!
Danke Herr!

Amen

Gebet 9:
Gebet um Frieden

Vater im Himmel,
wir werden oft von unseren Mitmenschen,
die Deinen Sohn Jesus Christus
noch nicht kennen,
gefragt, warum Du Kriege zulässt.

Darauf gibt es nur eine Antwort.
Nicht Du bist es, der die Kriege macht,
sondern wir Menschen,
denen Du einen eigenen Willen gegeben hast!

Herr Jesus Christus,
wir bitten Dich für die Menschen,
die auf unserer Erde unter Verfolgung,
Krieg und Hunger leiden.

Wir danken Dir,
dass Du die Hilferufe und Gebete
aus den notleidenden Gebieten unserer Erde
und von uns hörst.

Wir legen es in Deine Hand,
dass die Güter unserer Welt
gerecht verteilt werden
und den Hungernden, Kranken, Hilflosen,
Kindern und Alten, mit allen Mitteln,
die uns zu Verfügung stehen, geholfen wird.
Herr Jesus Christus,
rüttle Du die Menschen,
die viel besitzen,
aus ihrer Ruhe auf,
damit sie daran erinnert werden,

wie groß die Not auf dieser Erde ist.
Wir wollen von dem, was wir haben,
weitergeben um zu helfen.

Hilf, Herr Jesus Christus,
dass die Staatsmänner und Politiker
alles daran setzen,
den Kriegen auf unserer Welt
ein Ende zu machen,
damit die Hungernden wieder satt werden,
die Flüchtlinge wieder eine Heimat finden
und alle Menschen in Frieden leben können.
Alles daran setzen,
die Kriege zu beenden bedeutet nicht,
dies mit Bomben und Gewalt zu tun,
sondern friedlich.

Herr Jesus Christus, wir danken Dir,
dass unser Land seit dem zweiten Weltkrieg
von Kriegen verschont wurde.
Erhalte bitte in unserem Land den Frieden
und schaffe ihn in der ganzen Welt.
Zeige den Verantwortlichen die Wege
zur Überwindung der Spaltungen.
Mache Du die Menschen überall stark,
die sich für den Frieden einsetzen.

Herr Jesus Christus,
bitte schaffe allen Völkern dieser Erde Friede,
Freiheit und Einigkeit!
Wir danken Dir, Herr Jesus Christus!

Amen

Gebet 10:
Täuflingsgebet

Vater im Himmel, ich danke Dir für diesen Tag,
den Du gemacht hast.

Ich danke Dir dafür,
dass Du Deinen einzigen Sohn
für uns geopfert hast,
um uns durch sein Blut
von Sünde reinzuwaschen.

Ich danke Dir, Herr Jesus Christus,
dass Du auch für mich am Kreuz
von Golgatha gestorben bist
und meine Sünden durch Dein Blut
fort gewaschen sind.
Ich stelle mich unter die Deckung Deines Blutes.

Vater im Himmel, ich möchte Dir danken,
dass ich mich heute taufen lassen darf.
Dass ich dadurch vor der sichtbaren
und der unsichtbaren Welt festmachen
und bezeugen kann, dass Du mein Herr bist!
Dass mich nichts
und niemand Dir entreißen kann,
dass ich ein Gotteskind bin und bleiben werde.

Du hast gesagt Herr,
dass wo Zwei oder Drei in Deinem Namen
versammelt sind,
Du mitten unter ihnen bist.

Ich danke Dir dafür,
dass Du auch heute bei uns bist.

Und ich danke Dir, dass ich durch die Taufe
mit Dir sterben und wiederauferstehen darf.

Herr, du siehst auch die Gäste,
die heute gekommen sind,
um die Taufe mitzuerleben.

Komm Heiliger Geist
und rühre diese Menschen an,
damit sie sehen, dass ein Leben
ohne Dich sinnlos ist
Und dass sie Hunger
und Durst nach Dir verspüren,
Dich kennenzulernen.

Dass sie sehen,
was für ein wunderbarer
und großer Gott Du bist,
dass Dich zu loben
und zu preisen das Höchste ist.
Und so möchte auch ich Dich loben
und preisen und erheben,
Du wunderbarer allmächtiger Gott!

Ich möchte Dir danken, dass ich so, wie ich bin,
zu Dir kommen darf
und dass Du mein Herz kennst.

Ich möchte Dich loben und preisen
und erheben und Dir mein Leben geben.

Danke das Du mein Herr bist,
bis in alle Ewigkeit!

Amen

Gebet 11:
Tischgebet

Herr, hab Dank für das täglich Brot,
das wir jeden Tag neu aus Deiner Hand
empfangen dürfen!

Hab Dank für Speis´ und Trank.

Hab auch Dank dafür,
dass wir sicher seien können,
dass Du uns täglich
mit dem Nötigsten versorgst!
Du bist es,
der uns mit einem Dach über dem Kopf,
mit Kleidung und Essen versorgt!

Und so bringen wir unseren Dank zu Dir, Herr!
Wir bitten Dich,
dass Du die Speisen auf unserem Tisch,
und die Hände, die sie zubereitet haben, segnest!

Hab Dank dafür, Herr Jesus Christus!

Amen

Gebet 12:
Abendgebet

Am Ende des Tages möchten wir Dir danken,
Herr,
für den vergangenen Tag, und für das,
was wir erleben durften mit Dir!

Wir wollen Dich loben und preisen,
dass wir jeden Tag getrost mit Dir gehen dürfen!
Wir möchten Dir für die Bewahrung
am vergangenen Tag danken,
aber Dich auch um Schutz
für diese Nacht bitten.
Wir legen alles vor Dich hin,
was uns beschäftigt hat!
Herr, wir bitten Dich,
dass Du unser Gedankenkarussell anhältst,
so dass wir nicht gequält über die Sorgen des
Alltags herum grübeln,
sondern gut einschlafen
und durchschlafen können!
Herr vergib uns, wo wir gesündigt haben,
und hilf uns zu vergeben,
wo wir heute verletzt worden sind!
Herr, Du siehst unsere Verwandten,
Bekannten und Freunde,
die noch nicht zu Dir gefunden haben.
Schenke Du ihnen eine Begegnung
mit Dir und gehe ihnen nach,
damit sie Dich kennenlernen
und Dich als den wahren
und einzigen Sohn Gottes anerkennen!
Du bist der Weg, die Wahrheit und das Leben!
Niemand kommt zum Vater als nur durch Dich!

Lass die Menschen das erkennen,
damit sie nicht verloren gehen!
Stärke Du aber auch unsere Brüder
und Schwestern im Glauben,
die aus den verschiedensten Gründen hart
in ihrem Glaubenskampf kämpfen
und manchmal schon aufgegeben
haben, von Dir Hilfe zu erwarten!
Stärke die schwachen Glieder
in unseren Gemeinden
und zeige den Menschen,
die nicht mehr mit Dir
und deinen Geboten gehen,
dass sie sich in die verkehrte Richtung bewegen!
Hilf Du ihnen wieder auf den richtigen Weg!
Dir wollen wir uns anvertrauen,
Herr Jesus Christus,
für diese Nacht mit unserem Leib
und unserer Seele!

Amen